高校思想政治教育工作创新与实践

曾　俊　著

九 州 出 版 社
JIUZHOUPRESS

图书在版编目（CIP）数据

高校思想政治教育工作创新与实践 / 曾俊著.
北京：九州出版社，2025.2. --ISBN 978-7-5225
-3675-0

Ⅰ. G641

中国国家版本馆 CIP 数据核字第 20256US010 号

高校思想政治教育工作创新与实践

作　　者	曾　俊　著
责任编辑	杨鑫垚
出版发行	九州出版社
地　　址	北京市西城区阜外大街甲 35 号（100037）
发行电话	（010）68992190/3/5/6
网　　址	www.jiuzhoupress.com
电子信箱	jiuzhou@jiuzhoupress.com
印　　厂	北京星阳艺彩印刷技术有限公司
开　　本	787 毫米×1092 毫米　16 开
印　　张	10.5
字　　数	145 千字
版　　次	2025 年 5 月第 1 版
印　　次	2025 年 5 月第 1 次印刷
书　　号	ISBN 978-7-5225-3675-0
定　　价	58.00 元

/前 言/

　　思想政治教育是社会或社会群体用一定的思想观念、政治观点、道德规范，对其成员施加有目的、有计划、有组织的影响，使他们形成符合一定社会要求的思想品德的社会实践活动。而高校思想政治教育，力求通过政治素质、思想、品德、心理素质等方面的教育，将当代大学生培养成未来社会发展需要的接班人。思想政治教育活动的主要阵地就是高校，目前我国仍需要借助思想政治教育的方式让大学生了解马克思主义中国化的成果，让学生们了解伟大复兴的中国梦，并将"四个自信"转化为努力工作和学习的实际行动。坚持马克思主义指导思想，是高校思想政治教育需要遵循的指导思想，我国高校开展的思想政治教育必须体现出中国思想教育的特色，必须体现出中国特色社会主义核心价值观念。

　　我国高校开展的思想政治教育属于实践层面的活动，在实践教育活动中，大学生既是实践活动的主体，也是实践活动的客体，也就是说，大学生具有双重身份。大学生思想政治教育使用的主要途径就是思想政治教育课程，致力于让大学生成为未来社会发展的人才。在教育的思想上根据现有的中国特色社会主义理论体系成果，让学生通过思想政治课成长为一个具有社会责任感的个体这对于社会来说也具有十分重要的政治意义。

　　本书在介绍高校思想政治教育相关理论的基础上，着重从教学内容的优化与创新、教学资源的整合与创新、机制创新、载体创新、教育队伍建设等几个方面论述了高校思想政治教育的创新发展，以期为高校思想政治教育工作提供借鉴。本书内容科学实用，语言通俗易懂，集专业性、系统性和实用性于一身，适合作为高校思想政治教育的参考资料，也可以作为思想政治课教师、教育工作者和大学生的教育学习读本。

/目 录/

第一章　高校思想政治教育的基本内涵

加强和改进高校思想政治教育，要把握好高校思想政治教育的基本内涵。只有把握好高校思想政治教育的基本内涵，高校思想政治教育才能在具体实践中有的放矢。在本章，笔者将在对高校思想政治教育的基本内涵进行界定的基础上，深入探讨其社会内涵、个体发展内涵以及其他一些延伸性内涵。

第一节　高校思想政治教育内涵界定

高校思想政治教育的内涵反映了高校思想政治教育这一教育实践活动的本质属性。这一本质属性具有相对稳定性，但也随着高校思想政治教育社会环境的变化以及任务、目标的变化而不断发展。前者体现了高校思想政治教育内涵的继承性，后者体现了高校思想政治教育内涵的创新性。

一、高校思想政治教育的内涵

在《现代汉语词典》中，所谓内涵是指"一个概念所反映的事物的本质属性的总和，也就是概念的内容"。按照内涵的这一定义，高校思想政治教育的内涵就应当是"高校思想政治教育"这一概念所反映的事物的本质属性的总和，即"高校思想政治教育"这一概念的内容。在实践中，高校思想政治教育主要是高校思想政治工作者利用一定的思想观念、政治观点、道德规范，对大学生施加有目的、有计划、有组织的影响，使他们形成符合新时代中国特色社会主义所需要的思想品德的教育实践活动。因此，高校思想政治教育的基本内涵是指最能反映这一教育实践活动本质属性的主要内容。

在哲学中，所谓事物的本质属性，是指事物固有的决定事物性质、面貌和发展的根本属性。由此出发，高校思想政治教育的本质属性也应当是高校思想政治教育固有的决定其性质、面貌和发展的质的规定性。因此，这种本质属性应包括两个方面：第一，本质属性应贯穿高校思想政治教育活动的始终，是高校思想政治教育活动中最普遍、最一般的固有属性且规定和影响其他派生属性（非本质属性）；第二，本质属性应该是高校思想政治教育变化发展的依据。根据这两个方面，笔者认为高校思想政治教育的本质属性应为政治性与科学性的有机统一。政治性是高校思想政治教育的阶级属性。如果没有表达阶级意志的政治性，不能维护统治阶级的有效统治，那么高校思想政治教育就不可能存在，更不可能发展。因此，政治性是贯穿高校思想政治教育始终的一个特有属性。科学性是高校思想政治教育的客观实践属性。如果不反映客观事物的本质和历史发展的趋势，不能最终促进社会生产力的发展，不代表最广大人民群众的根本利益，高校思想政治教育就不能得到发展，当然也不能长久存在。因此，科学性是高校思想政治教育本身得以发展的内在规定性。

综上所述，要完整、准确地认识高校思想政治教育的本质，就必须坚持高校思想政治教育政治性与科学性在理论与实践上的有机统一。在这一问题上，目前存在着两种原因：一种是强调高校思想政治教育的政治性，而偏离高校思想政治教育的科学性，从而使高校思想政治教育变得空洞与说教，就形势而追踪形势，就热点而炒作热点，缺乏系统的科学理论支撑。这在一定程度上会使高校思想政治教育的效果功亏一篑。另一种原因是强调高校思想政治教育的科学性，否定高校思想政治教育的政治性，从而使高校思想政治教育变得盲目。例如：在实践中，一些高校的"法律基础课"上成了"法学概论课"。因此，深化高校对思想政治教育本质属性的认识，是当前提高高校思想政治教育有效性、加强高校思想政治教育学科建设的当务之急。

二、高校思想政治教育内涵的继承性

伽达默尔认为：所有的概念都不是固定不变的，其意义必定随着实践的推移在阐释者的实践理解中发生变化。[①] 因此，语言概念的意义只能在不间断的交流或对话中得到解释，阐释者只能通过不断与其他阐释者对话来验证自己对世界的阐释是否正确、是否理性，而传统（语言传统、意义传统以及有关主体间相互理解时所依赖的共同语言环境的一切因素的传统）正是使这种对话得以顺利进行的基础。传统是历史的沉淀，流传至今的"传统"是历史的超越，必有它存在的理由。因此，善待传统是人类明智的表现。向传统学习，把传统转化为我们心智的一部分，就成为每个人永不停歇的过程。

为了避免低水平的重复制造，人们必须遵从学术传统，在传统的基础上提出和研究问题，使传统得以发展。在思想发展史上，但凡新的思想出现，都不是孤立的现象，都可以从传统中找到它的碎片和痕迹。在历史的演进过程中，传统并非一成不变，它会发生衍化。就大的方面而言，可分为：一些传统历经时代变迁，活力依旧，本色不改；一些传统被赋予新质，在蜕变中仍显其本质特性；一些传统与社会发展方向相悖，但终因各种复杂的因素而悄然存活。区别这些各自不同的传统是必要的，至少可以给如何继承提供一些路径。显然，对前两类传统应视其情况予以继承，对后一类传统则应婉拒。

作为一个概念，高校思想政治教育的内涵也有着自身的变与不变。从不变的角度来看，今天的高校思想政治教育是历史的继续，其基本内涵首先是对传统的继承。重视高校思想政治教育是党的优良传统。在党的历史上，高校思想政治教育形成了自身的丰富内涵。继承党的优良传统，把传统证明过的科学的东西纳入高校思想政治教育的现状中来，是高校思想政治教育自身发展的需要。

[①] 常金玉. 高职院校思想政治教育教学与专业理论课创新改革研究 [M]. 延吉：延边大学出版社，2022.

在中国共产党高校思想政治教育史上，党为把大学生培养成为有用之才，曾先后提出了许多科学的标准和要求。这些标准和要求都着眼于中国革命、建设和改革的具体实践与客观要求，为大学生成长为栋梁之才指明了方向，设定了标杆。从总体上看，这些针对广大青年特别是大学生专门提出的标准和要求，是一脉相承的科学体系，从强调德、智、体协调发展，到强调理想、道德、文化、纪律兼备，再到强调求学和做人、知识和实践、个人和社会、理想和现实的统一，既体现了人才培养的目标，同时也包含了丰富的高校思想政治教育内容，揭示了高校思想政治教育的丰富内涵。这些内涵在高校思想政治教育中具有恒久的意义。

三、高校思想政治教育内涵的创新性

传统固然重要，但是它不能包揽和代替现实。因为事物在发展，现实在变化，新的东西总是层出不穷，一味抱残守缺，无异于刻舟求剑，不能适应时代的发展和社会的需求。因此，在合理继承传统的基础上，改进和创新实属必然。

创新是对传统做大胆的扬弃，重在创意、创建和创立。创新需要科学与人文的价值导向：求真、向善。求真，即贴近现实，追求真理；向善，即符合完美的人性，追求人类的终极关怀，体现符合多数人意向的道德情感，它是一种价值承诺，是教育信念确立的基础和前提。对创新要进行价值评价，不能唯"新"是从，否则就是庸俗的进化论。在创新这一概念中，"创"始终是手段，"新"才是目的。所谓新，并不仅仅是标新立异，要看其是否具有"新质"，是否具有新价值，是否体现事物的本质，是否代表社会发展的方向。我们需要的是真正意义上的创新，反对徒有其表的所谓的创新。那种把创新仅仅停留在现象层面，甚至停留在口号上的做派，是学风浮躁的表现，绝非真正意义上的创新。旧和新，只是相对而言，旧在先前也曾是新的，何况它能沿袭至今，必有其缘由，不能大起大落，做简单的肯定和否定。在各种思潮并起、社会价值观多元的当今社会，对"旧"和"新"进行梳理，还它以本来面目，是继承和创新的逻辑起点。

在当代社会迅速发展的情况下，同过去时代已有很大不同，现在绝不是过去的再现，未来更不是现在和过去的翻版，教育的重任是要为一个未知的世界培养人才，"在历史上第一次为一个尚未存在的社会培养的人。这就为教育体系提出一次崭新的任务"。因此，在现代社会条件下，高校思想政治教育的生命线作用、先导性作用，应当合理地被理解和作为创新功能进行发展和发挥。这种发展和发挥的基础和需要，就是思想政治教育向未来领域的发展。高校思想政治教育只有发展创新功能，即面向未来不断实现对自身的超越，并不断促进人们实现超越，才能真正把握未来，拥有未来，并"形成未来社会的一个主要因素"。否则，面向未来就是一句空话。

四、高校思想政治教育的领域拓展

近年来，社会的发展对高校思想政治教育提出了新的要求。基于教育要面向现代化、面向世界、面向未来的思维，也基于现代社会和学科领域的高度分化与高度综合相结合的发展趋势，高校思想政治教育的作用范围在扩大，高校思想政治教育在向新的领域拓展。

第一，高校思想政治教育向宏观领域的拓展。这种拓展表现在两个层面上：其一是国内层面，就是高校思想政治教育要面向社会主义现代化建设，把社会主义现代化建设作为政治方向，作为高校思想政治教育的主题。高校思想政治教育要向业务活动、经济活动、管理工作广泛渗透，深深植根于现代社会生活之中。在现代社会条件下，政治、经济和科学技术的发展，不断开辟出新的领域以及经济和科学技术发展所导致的环境问题、生态问题等新发展的领域和新涌现的问题，既广泛深刻地推动和影响着社会的进步，也折射出许多新的思想、政治、道德问题，迫切需要高校的思想政治教育与之相适应，创建竞争伦理、科技伦理、环境伦理、网络伦理等，保证和促进新的领域的发展。其二是国际层面，为了适应对外开放的需要，我们要培养大批面向世界的人才。面向世界的人才不仅要有参与世界范围竞争的科学技术水平，也要有面对世界的思想、道德和心理素质。面对世界上各种文化和价值观的冲击，更要有正确分析、鉴别、选择人生观和价值观的思想基础；投身于世界范围的经济、科技、人才竞争，更要有敢于竞争的勇气和自强不息的精神；生活在对外开放的环境和活动在各种场所，更要有健康的心理和文明风度。这些思想政治素质，比过去要求更高，也更全面。

第二，高校思想政治教育向未来领域的拓展。随着开放范围的扩大和改革的深化，科学技术的迅猛发展、物质文化生活水平的提高和竞争机制的广泛引入，既增加了社会的复杂程度，又加快了社会的变化频率。因此，现代社会对大学生来说，在其发展过程中总是既存在机遇，又存在风险。青年学生希望自己能抓住机遇，避免风险。他们更加关注发展的前景，更加注视未来领域的发展趋势。高校思想政治教育必须面向未来发展，探索适用未来领域的理论与方法。高校思想政治教育的一个重要作用是导向，即以正确的思想指导大学生进行实践活动。因而高校思想政治教育应当具有超前性和预防性，要保证和促进大学生面向未来的顺利发展。高校思想政治教育当然不能代替大学生的预测与决策，但高校思想政治教育可以帮助大学生增强面向未来的意识，使之对未来发展趋势具有一个清晰的认识，学会抓住机遇，化解风险，避免偶然因素和不道德行为的干扰和冲击，增强预测与决策的自觉性。同时，高校思想政治教育还要帮助大学生掌握科学的预测和决策方法，克服经验主义、盲目主义倾向，防止由于复杂因素的困扰和不能面对差距而陷入困境。因此，社会的发展和大学生的发展，既向高校思想政治教育提出了面向未来进行预测和决策的要求，也为其开展预测和决策创造了条件。正确的预测既是为了现在，更是为了未来，为了在预见的前景和目标之前采取正确的教育决策和教育措施，实现教育的科学化。现代高校思想政治教育一定要研究预测和决策的理论和方法，形成高校思想政治教育预测与决策的分支学科，为高校思想政治教育提供理论指导。

第三，高校思想政治教育向微观领域的拓展。所谓高校思想政治教育的微观领域，就是指高校思想政治教育工作者与大学生的内心世界。宏观的客观世界同人们的主观的内心世界总是不可分割地联系在一起的。宏观世界的开放性，复杂性，易变性也会导致人们内心世界的开放，复杂与变动。因此，高校思想政治教育在向宏观领域发展的同时，也必须向微观领域发展。人们内心世界具有更大的复杂性和潜隐性，它仿佛像一个"黑箱"，无法窥探，也难以敞开，只能通过深入研究，才能把握其发展变化的规律。在现代社会条件下，社会因素和社会信息不断增多，并且变化节奏加快，使整个社会和人们的利益关系复杂程度增加，这会引起大学生的心理震荡，增加心理负荷，甚至导致一些人出现心理不平衡，心理障碍与心理疾病。因此，心理方面的问题十分突出地摆到了高校思想政治教育者面前。开展心理测试与心理分析，进行心理诊断与心理咨询，普及心理保健知识，提高心理素质，已成为高校思想政治教育的一项重要任务。研究人们内心世界的问题，还有一个更重要的任务就是开发人力资源。每一个人都有一个复杂的内心世界，每一个人都有巨大的潜能。我们要把人们的潜能充分发挥出来，把人力资源充分开发出来，如果不掌握人们内心世界的发展变化规律，不能有效地把外在教育内化为人们的思想，那么开发人力资源就只能是一句空话。所以，我们要探索思想内化理论，掌握心理发展规律，建立具有新时代中国特色社会主义的高校思想政治教育心理学。

第二节　高校思想政治教育的社会内涵

社会性内涵是高校思想政治教育的基本内涵。在党的历史上，为社会现实服务，依据社会发展的需要确定教育内容，是高校思想政治教育的光荣传统。中华人民共和国成立后，高校思想政治教育先后为社会主义革命和建设服务，形成了高校思想政治教育在不同历史时期的特定社会内涵。在新的历史时期，高校思想政治教育的社会内涵主要体现在普及马克思主义中国化理论、树立中国特色社会主义共同理想、弘扬民族精神与时代精神、树立社会主义荣辱观等几个方面。

一、普及马克思主义中国化理论

马克思主义自二十世纪初传入中国，便植根于中国社会，并与中国社会的具体实际结合起来，形成了马克思主义的中国化。

马克思主义中国化的四大理论成果是一脉相承的思想理论体系。毛泽东思想、邓小平理论、"三个代表"重要思想、科学发展观和习近平新时代中国特色社会主义思想具有本质上的一致性。它们都以辩证唯物主义和历史唯物主义作为世界观和方法论，把解放和发展生产力作为历史进步的着眼点，把实现共产主义、解放全人类作为根本目标。同时，它们又都是开放的理论体系，坚持解放思想、实事求是，不断汲取时代精神的精华来丰富和发展自己，都具有与时俱进的特性。在新的历史时期，高校思想政治教育必须加强马列主义、毛泽东思想，特别是中国特色社会主义理论体系教育。高校思想政治教育必须同各种反马克思主义的思潮作坚决的斗争，要坚持用马克思主义占领高校的思想阵地，防止和反对指导思想多元化，提高大学生识别和抵御各种错误思潮的能力；必须大力弘扬理论联系实际的学风，坚持马克思主义的科学精神和基本理论，坚持解放思想、实事求是，努力对当前亟需进行理论引导或说明的突出问题做出科学的、有说服力的、符合实际的解释和说明，并在实践中不断丰富和发展马克思主义。

二、树立社会主义共同理想

一个国家的可持续发展，一个国家的内部和谐，与该国现实的政治经济状况密切相关，与该国国民的共同理想也密切相关，这两种相关是同等重要的。强大而明确的共同理想，甚至能在很长的时期内克服政治经济构成的现实困难，这在历史上不乏其例。中国经过近现代的曲折徘徊与浴血奋战，经过近几十年来的探索发展，已经走出了一条适合自身国情、能有效发挥本国优势且取得了辉煌成就的道路，这就是中国特色社会主义。

如果说在共产主义启蒙时期形成理想信念需要思想上的睿智与敢为天下先的勇气的话，那么目前已经积累的辉煌的历史成就使新的一代人更容易形成坚定的中国特色社会主义共同理想。因为新的一代人又是没有苦难记忆的一代人，他们生活在一个思想多元化的开放社会，所以主旋律的高扬更显得必要。中国特色社会主义共同理想教育是当代高校思想政治教育的"灵魂"和基础，它决定着高校思想政治教育的基本性质。可见，中国特色社会主义共同理想教育是当前高校思想政治教育的关键和核心所在。其功能和作用主要体现在以下几个方面：

第一，中国特色社会主义共同理想教育决定着高校思想政治教育的基本性质。大学阶段是大学生确立自我实现人生目标的关键时期，引导大学生树立高远的志向是高校思想政治教育的核心内容。共同的理想信念是一定社会主体共同价值目标的集中体现，当代中国高校思想政治教育的实质就在于从思想政治理论的高度，使大学生充分认识到中国特色社会主义共同理想的科学性，使大学生不仅在情感上，而且能从世界观的高度，理性地接受和认同中国特色社会主义的价值目标。只有牢固地树立起中国特色社会主义共同理想，以社会主义核心价值体系凝聚广大青年学生，才能产生经久不衰的动力，使他们既看到中国特色社会主义事业面临的挑战和困难，又看到中国特色社会主义事业所具有的旺盛生命力，在构建社会主义和谐社会、加快社会主义现代化建设的历史进程中奋发有为，建功立业。

第二，中国特色社会主义共同理想教育是振奋大学生精神、鼓舞大学生进取的有效途径。中国特色社会主义充分反映了我国最广大人民的共同愿望、利益和要求，是全国各族人民不懈追求的共同理想。这个共同理想把国家、民族与个人紧紧地联系在一起，它有利于调动全体人民共同为之奋斗，能够在最大程度上统一社会意志、集中社会智慧、激发社会活力，为构建社会主义和谐社会提供有力的精神保证。大学生是十分宝贵的人才资源，是民族的希望，是祖国的未来，加强和改进高校思想政治教育，提高他们的思想政治素质，对于确保中国特色社会主义事业兴旺发达、后继有人，具有重大而深远的战略意义。中国特色社会主义共同理想教育，使大学生懂得要实现个人理想，就必须从现实出发，从自己做起，从身边的小事做起，脚踏实地，百折不挠；要实现中国特色社会主义理想和中华民族伟大复兴，就必须多读书、读好书，努力学习科学文化知识，提高科学文化素质，掌握科学知识、科学方法和科学思想，提高自己辨别是非的能力。

第三，中国特色社会主义共同理想教育是衡量高校思想政治教育效果的重要标准。高校思想政治教育的目的是使大学生认同和接受社会主义的基本思想和价值目标。在我国现阶段，就是要使大学生接受我们党的政治主张和政治信仰，并且充分看到广大人民群众的利益与自身利益的一致性，使建设中国特色社会主义的理想成为他们的共同理想。所以，评价高校思想政治教育效果的一个重要标准，就是要看国家的政治主张、政治信仰和现阶段我国各族人民的共同理想是否为广大青年学生所认同。可见能不能培养出一代又一代有觉悟的社会主义新人，既是衡量高校思想政治教育效果的重要标准，又是关系到社会主义和共产主义远大目标能否实现的关键。在教育大学生成为"四有"新人的目标体系中，中国特色社会主义共同理想始终摆在第一位。只有树立中国特色社会主义理想，学生才能自觉地运用社会主义的道德和纪律来约束自己，才能产生努力学习科学文化知识的强大内在动力。

三、弘扬民族精神和时代精神

民族精神是一个民族在长期的历史发展过程中逐步形成和培育起来的一种独具民族特色的、自觉的群体意识，是民族文化、民族智慧、民族情感、民族心理、民族共同理想、民族共同价值取向和民族行为规范等民族个性的综合体现。中国自古便是一个多民族的国家，几千年来，在以中原地区民族为中心与周边少数民族绵延不断的民族文化的碰撞与交融中形成了以汉族为中心的一体多元的民族结构，由此而逐渐萌生的民族意识最终整合为中华民族精神，成为推动中华民族发展壮大的精神力量。加强坚持中华优秀传统文化和艰苦奋斗精神教育，是新时代高校思想政治教育的重要内容。中华民族在五千年的文明发展史中，为我们留下了丰富的文化遗产，蕴含在其中的伟大的民族精神，是中华民族传统文化的积淀和升华。我国如何在更加开放的环境下不断发展壮大中华民族传统文化，增强广大群众特别是青少年对民族文化的认同和自信；如何在激烈的国际竞争中努力确立并发挥我们自己的民族文化优势，增强民族文化竞争力，维护国家文化安全，成为高校思想政治教育面临的重大课题。因此我们必须坚持以人为本，挖掘中华民族的文化资源，把民族精神教育作为高校思想政治教育的重中之重，实现古今文明的优势互补。

时代精神是时代思想的结晶，是一个时代科学认识成果和进步潮流的凝聚，是对时代问题的能动反映和应答；是某一社会在特定时代代表主流文化的内在、稳定而又深刻的东西；是一个时代、一个民族大多数人所希望、所向往、所信奉、所为之激动不已、追求不止的观念和精神，具体体现在这个时代大多数人的精神风貌、民族特质、理想信念、生活态度、价值取向、人生追求、风俗习惯、行为规范及所有活动之中，是贯穿其中的原则、灵魂和起统摄作用的东西。时代精神产生于时代之中，因此它直接就是时代变化的晴雨表或集中体现。时代精神反映了时代的特点、时代的内容并适应了时代的要求，它为特定时代提供精神支柱、动力和文化条件。当今时代精神主要体现在科学精神、人文精神、民主精神、开放精神和创新精神上，体现在"解放思想、实事求是，与时俱进、勇于创新，知难而进、一往无前，艰苦奋斗、务求实效，淡泊名利、无私奉献"上，其本质和灵魂在于创新。高校思想政治教育要善于从时代精神中汲取营养，在时代发展和社会进步中发掘资源，吸纳时代精神，把时代精神作为塑造一代新人的核心内容，贯穿教育的全过程，渗透到教育的方方面面。如果无视时代的进步、社会的发展，与时代精神和时代发展相左，高校思想政治教育就很难被人们接受，很难体现时代感也很难取得实效。

四、树立社会主义荣辱观

中国共产党在领导中国革命、建设和改革的过程中，对加强高校思想政治教育极其重视，并在实践中积极探索高校思想政治教育的基本规律。总结这些规律，其中的一条重要经验就是，要高度重视高校思想政治教育的育人功能，要特别强调人才思想、道德素质的重要性，强调道德养成对于人才培育的重要意义。当代大学生理应是思想道德素质和科学文化素质协调发展的一代。高校不但要注重大学生的文化素质教育，更要注重大学生的思想道德教育。正如科学家爱因斯坦所说："用专业知识教育人是不够的。通过专业教育，他可以成为一种有用的机器，但是不能成为一个和谐发展的人。要使学生对价值有所理解并且产生热烈的感情，那是最基本的。他必须获得对美和道德上的善恶有鲜明的辨别力。"

社会主义荣辱观涵盖了爱国主义、集体主义、社会主义思想，体现了中华民族的传统美德和时代要求，反映了社会主义世界观、人生观、价值观，明确了当代中国最基本的价值取向和行为准则，是马克思主义道德观的精辟概括，是新时期社会主义道德的系统总结，也是当前高校思想政治教育的一项崭新内容，在本质上是与高校思想政治教育的目标，指导思想，内容相一致的。所以，要加强高校思想政治教育，就要在大学生中牢固树立社会主义荣辱观。

第三节　高校思想政治教育的个体发展内涵

高校思想政治教育除了具有社会内涵，还具有个体发展内涵。由于特定的历史原因，长期以来，在高校思想政治教育中，其社会内涵居于主导地位，其个体发展内涵一度被忽视。中华人民共和国成立后，高校思想政治教育的个体发展内涵逐渐进入人们的视野。改革开放以来，尤其是近年来，随着人们对大学生主体地位的重视，高校思想政治教育的个体发展内涵日益显现出来。当前，高校思想政治教育的个体发展内涵主要体现在促进大学生人际和谐与心理和谐，培养大学生的竞争意识与合作精神，培育大学生的人文精神与科学精神，促进大学生全面协调发展，培养大学生的健康个性等几个方面。

一、促进大学生人际和谐与心理和谐

党的十六届四中全会提出了"构建社会主义和谐社会"的新命题，并且把和谐社会建设放在与经济建设、政治建设、文化建设并列的突出位置。这不但对树立和落实科学发展观、实现经济社会协调发展具有重要的意义，而且为加强和改进高校思想政治教育指明了新的方向。思想政治工作是社会主义和谐社会建设的重要组成部分，其基本精神亦与之相符合。《中共中央国务院关于进一步加强和改进大学生思想政治教育的意见》中提出了"六结合"的基本原则，即教书与育人相结合，教育与自我教育相结合，政治理论教育与社会实践教育相结合，解决思想问题与解决实际问题相结合，教育与管理相结合，继承优良传统与改进创新相结合。这实际上已经从原则的层面对当前高校思想政治教育中的和谐主题做了明确阐释。党的十七大报告在论及和谐文化时，又突出强调："要加强和改进思想政治工作，注重人文关怀和心理疏导，用正确方式处理人际关系"。可见，高校思想政治教育的主要内容与和谐社会的本质要求是完全一致的。党的二十大报告中提出要"重视心理健康和精神卫生"，加强青少年心理健康教育成为当前全社会的共识。2023年4月，教育部等十七部门印发了《全面加强和改进新时代学生心理健康工作专项行动计划（2023—2025年）》，将学生心理健康工作提到了一个更高的高度，标志着加强学生心理健康工作上升为一项国家战略。大学生人际和谐与心理和谐教育，既体现了高校思想政治教育的个体发展内涵，也体现了建设和谐社会的时代重任对高校思想政治教育的要求。

当前，如何实现个人与他人关系的和谐、如何实现团队的和谐发展，成了影响大学生成长的重要问题。随着社会分工的细化和科学领域的不断拓展，当今社会越来越强调团队协作的重要性。但是由于我国高等教育大众化、后勤社会化、学分制的深化，严重地冲击了大学里班级、寝室等基本团队形式。这导致了学生的自我意识不断增强，团队协作意识相对淡薄。因此，加强团队教育，成为高校思想政治教育面临的重要任务。团队教育强调的是在以人为本、以学生为本基础上的团队协作与配合，从而实现团队与个体的共赢。当前大学里的团队形式较为丰富，主要包括班级、寝室、学生会、社团、学生组建的各种工作室等等。大学应制定专门的团队评奖、评优制度，设立优秀班集体、优秀寝室、优秀社团、优秀工作室等奖项，并将其纳入学生奖励体系，加大对团队的奖励力度，鼓励学生加入团队，扮演不同的团队角色，在其中得到相应的锻炼和成长，从而为学生实现与他人关系的和谐发展、实现团队的和谐发展奠定良好的基础。

人自身的和谐是整个社会和谐发展的根本前提。当前大学生在成长过程中面临的自身和谐问题主要表现在：理想追求与现实可能的不和谐，认知与行为的不和谐，身体成长与心理发育的不和谐，主观成长需要与现实拥有条件的不和谐等。为此，高校在思想政治教育过程中必须抓住这几个关键要素，认真做好学生的心理健康教育，通过系统的心理测试、有针对性的心理咨询、心理素质拓展训练和完备的心理危机干预体系，让学生的心理与身体实现同步成长。同时，对学生的学业给以激励和引导。学业是大学生活的根本，要以激励为目标重新构建学生的奖学金制度，同时要推行"三轨辅导制"（为每一个班级至少配备一名专业导师、一名专职辅导员和一名课外辅导员），加强对学生学习和学业的引导，从不同角度辅导学生的学习与成才。此外，还要要求大学生在导师和辅导员的指导下，定期填写成长规划书，帮助大学生设立学习目标，并为之努力。

二、培养大学生的竞争意识与合作精神

社会主义市场经济体制的发展与完善，已经成为推动中国社会发展的重要方式，并且不容置疑地成为现代中国人生存与发展的重要环境条件。创设和优化竞争环境是现代高校思想政治教育的重要功能之一，是高校思想政治教育的时代性、针对性、实效性和价值性的体现；加强高校思想政治教育，可以为大学生创设竞争环境、提供思想和社会心理基础以及方向保证。高校思想政治教育必须依据马克思主义环境理论，在承认环境决定人的发展、决定人的思想道德面貌的同时，坚持人在环境面前具有主观能动性、人可以改变环境的基本观点，充分发挥意识的积极能动作用，通过不断地提高人们的思想道德意识，积极创设和优化现代竞争环境。

首先，高校要帮助大学生增强竞争意识，克服不良的竞争心态。竞争的目的是破除平均主义的观念，以各种利益的差异形成积极进取的动力，使个体、集体、国家的利益得到最大满足，从而推动个人、社会的快速进步与发展。因此，竞争结果的差异是不可避免的。竞争的特质既然是机遇与风险并存，那么目标与结果不相吻合、竞争失败也就是不可避免的。如果对竞争的后果不具有心理平衡与协调的意识与能力，就容易使竞争造成消极的影响与后果，表现为对竞争目标和期望定位在实现过程中产生的不切实际的想法、急躁情绪和浮躁心理。目标和期望实现受阻或难以实现而产生的挫折感、悲观感和自暴自弃感，对竞争结果的差异性不能正确对待而产生的心理失衡感、对竞争的恐惧感，以及嫉妒心理、攀比心理和报复心理，会导致大学生产生大量心理问题。这既容易引发人际关系的紧张与恶化，引发不道德行为和不正当的竞争，又无法形成健康的竞争心理。高校要在思想政治教育中通过心理疏导的方法，帮助大学生进行心理调适，解决他们的心理问题，提高他们的心理素质和心理承受力。高校要通过帮助大学生加强心理平衡与协调意识的培养以及能力的训练，提高他们自我认识、自我学习、自我调节、自我

平衡、自我评价的能力，从而为竞争环境的创设和扩展提供良好的心理保障。

其次，高校要加强主导性与目的性的引导，为大学生在竞争环境中的发展提供方向保证。目前，意识形态领域的"趋同"论、经济领域的"唯利"论、价值领域的唯"物"论、道德领域的"自私"论、文化领域的"西化"论、信息领域的"虚拟"论等是竞争环境中存在的一些不正确的思潮。自主性与主导性是竞争环境健康发展的必要保证，在这种多元价值取向和多元文化并存的环境中，高校思想政治教育必须积极发挥其正确的导向功能。高校必须引导大学生正确认识道德在竞争环境中的价值和必要性。世界经济发展的实践表明：道德精神是促进经济增长、增强市场主体的竞争实力和经济效益的重要因素，经济领域的竞争，各种利益的协调，除了行政、法律的手段，还必须借助道德的力量。只有当人们具有竞争的道德意识，才会真正明确竞争的目的，正确处理竞争中出现的种种问题。高校还要加强公民道德教育，教育和引导大学生守法、守纪、守诚、守信、守德，做到公平竞争、以义求利，能够按照正确的伦理原则指导大学生的学习与研究。

最后，培养大学生的竞争意识与合作精神，高校应采用渗透性、潜在性、强化性和优化性的教育方式。所谓渗透性、潜在性，就是把高校思想政治教育所倡导的社会主义意识形态、正确的价值观和发展观潜移默化地渗透到竞争环境中去，由显性教育的方式转为隐性教育，寓教于环境，起到"润物细无声"的作用。所谓强化性，就是在制定竞争原则和竞争规范时，明确公平正义的原则，强调守法、守纪、守诚、守信、守德的规范，制定竞争的基本道德要求，从而使高校思想政治教育在竞争环境中起到引领作用。所谓优化性，就是对竞争环境中的不健康、不道德的行为和风气加以克服与净化，将优秀的精神文化、良好的道德风尚融入竞争环境中，同时提高大学生的主体性，提升其对竞争环境的鉴别力、选择力和改造力。

三、培育大学生的人文精神与科学精神

近代以来的高等教育是以近代科技为核心内容的，其专业教育指向的是自然世界，是对自然的操纵和利用。究其实质而言，近代高等教育是大工业生产和科学技术革命的产物。在高等教育中，新的学科和学习内容被引进，数、理、化、工逐渐占据高校讲堂的中心。高校作为大工业生产的劳动力培养基地，作为科学技术研究和开发的信息库和人才库，对近现代社会生产和科学技术的发展起到了极大的推动作用。科学教育的重要性越来越引起人们的关注。科学精神作为人类文明的崇高精神，它表达的是一种敢于坚持科学思想的勇气和不断探求真理的意识，它具有丰富的内涵和多方面的特征，具体表现为求实精神，实证精神，探索精神，理性精神，创新精神，怀疑精神，独立精神和原理精神。这些精神正是当代大学生个体发展所必需的，也是高校思想政治教育所要倡导和弘扬的。

人文精神是指人类对人世的探求和对人世活动的理想、价值追求。人文精神是整个人类文化所体现的最根本的精神，是人类文化生活的内在灵魂。它以追求真，善，美等崇高的价值理想为核心，以人的自由和全面发展为终极目的。人文精神教育是现代教育的重要组成部分，是素质教育的根本。高校以培养人才为天职，关心人的解放，人的完善，人的发展是高校存在的意义。高校的人文精神是经过长期的历史积淀，在不断的发展演绎过程中形成和发展起来的，有着稳定而丰富的内涵。它体现了对人的价值和生存意义的关怀，同时又以价值观念和行为规范的形式约束着大学生的行为，显示着高校不同于其他机构的气质特征。可以说，高校所弘扬的人文精神主要是指在处理人与自身，人与他人，人与社会和人与自然的关系中所持的正确价值观以及建立在这种价值观基础上的行为规范。这种人文精神教育在大学生的人格塑造，文明行为养成等方面起着重要作用。高校切实加强人文精神教育是大学生全面发展的需要，是高校思想政治教育的重要内容。

需要注意的是，在一定意义上，科学精神本身就是高校思想政治教育所培养的一种人生信仰和理想追求，同时也被认为是科学精神的一个不可分割的重要组成部分。老教育家杨叔子院士曾提出过"绿色教育"的概念。他提出："现代教育应是科学教育与人文教育交融而形成一个整体的'绿色'教育。"① 高校思想政治教育只有把科学精神教育和人文精神教育结合起来，才是绿色教育，才能真正培养出全面发展的人才。思想政治素质是方向，科学精神是立事之基，人文精神是为人之本。因此，高校在弘扬人文精神时，要正确处理好人文与科技的关系，使人文与科技成为互补的双翼。要追求人文、科技的和谐发展，追求人文精神与科学精神的统一，让科技发展充满人文的关怀，让科技发展带来的一系列新问题从道德的、伦理的、人文的角度解决。

四、促进大学生全面协调发展

人的自由而全面的发展，是马克思和恩格斯追求的理想目标。马克思和恩格斯所说的全面发展有两个层面的意义：第一个层面的意义是人的自由而全面的发展，是共产主义的本质特征。早在 1848 年，马克思和恩格斯在《共产党宣言》中就宣告："代替那存在着阶级和阶级对立的资产阶级旧社会的，将是这样一个联合体，在那里，每个人的自由发展是一切人自由发展的条件。"之后，他们又多次阐述了这一基本思想，把每个人自由而全面的发展看成比资本主义更高级的社会形式的"基本原则"。在马克思和恩格斯看来，人的自由而全面的发展是与生产力的发展成正比的。每个人自由而全面的发展，只有在物质财富极大丰富、人们的精神境界极大提高的共产主义社会，才能得到完全的实现。这是一个逐步提高、不断发展的过程。因此，在社会发展的每一个阶段，也都存在着人的发展。这就是马克思和恩格斯在第二个层面的意义上使用的"人的自由而全面的发展"——个人的能力和素质以及社会关系的不

---

① 杨叔子. 绿色教育：科学教育与人文教育的交融 [J]. 教育研究，2022 (11)：12—16.

断进步和提高。当前，我国正处于社会主义初级阶段，促进当代大学生全面、协调发展，正是高校思想政治教育个体发展内涵的重要体现。《中共中央国务院关于进一步加强和改进大学生思想政治教育的意见》指出：加强和改进高校思想政治教育，要以"大学生全面发展为目标"。这既体现了科学发展观的基本要求，又体现了大学生个体发展的内在需求。

大学生的全面发展，有物质的因素、技术的因素，也有精神的因素。在现阶段，影响和制约大学生自由而全面发展的因素也是多方面的，有物质的，有技术的，也有精神的。在生产力和物质文化有了长足发展，高校建设不断壮大和完善的条件下，大学生精神方面的制约因素显得越来越突出。要抵制这些因素对大学生精神的腐蚀，必须加强和改进高校思想政治教育，发挥高校思想政治教育促进大学生全面、协调发展的强大功能。高校思想政治教育可以为大学生的全面、协调发展提供精神支持。思想道德素质的提高是大学生全面发展的前提。尽管促进大学生思想道德素质提高的途径和方法是多种多样的，但高校思想政治教育的作用是不可替代的。高校思想政治教育既能够不断解决大学生发展中提出的新课题，也能够不断促进大学生的全面、协调发展。可以说，没有科学而有效的高校思想政治教育，就没有大学生的全面、协调发展。

五、培养大学生的健康个性

改革开放以来，大学生思想上的独立性、选择性、多变性与差异性都在不断增强。面对这些变化，一些高校观念滞后，在高校思想政治教育中，往往只强调主流思想，强调灌输和威压，强调整齐划一。这种居高临下的"教育"会造成学生的逆反心理和对抗情绪，与教育初衷背道而驰。当前，高校思想政治教育应当转变观念，倡导健康的个性教育，把健康的个性教育作为高校思想政治教育的出发点和最终归宿。

教育学界普遍认为，个性是在一定的生理与心理素质基础上，在一定历史条件下，通过教育对象自身的认识与实践，形成和发展起来的个体独特的身心结构及其表现。如果大学生各系统发展均衡、协调，而且都达到了较高的层次水平，知、情、意统一，自我调控能力较强，内心冲突较少，就能够较好地适应社会，并表现出良好的创造性。这种个性就是一种健康的个性。高校思想政治教育应该是一种健康个性教育，它应当着眼于发展大学生的心理品质，形成完整和健全的心理结构，即形成一种健康的个性。

高校思想政治教育强调主导思想的一元化，弘扬社会主义的思想道德和文化。这主要体现在大学生个性核心层次的主导方面，即个性倾向性中的理想、信念、价值观、人生观、世界观等方面。与此同时，高校思想政治教育不应否定学生心理的多样性，而应鼓励大学生形成具有个人特色的能力、性格类型和自我调控方式。由于每个人的生物前提不同，形成个性的基础不同；由于家庭环境、所受教育、个人经历不同，人的个性会存在多种不同的组合方式和发展水平，表现出个性的差异性。这些差异性是客观存在的，是任何人为因素都难以抹杀的。高校思想政治教育的最终目标是实现大学生个性的优化，形成健康的个性。健康的个性存在多种形式，不同类型的个性通过高校思想政治教育等手段，都可以达到结构优化，形成健康个性。培养大学生的个性已成为当代高校思想政治教育个体发展内涵的重要内容。

第四节　高校思想政治教育内涵的延伸

社会内涵与个体发展内涵是高校思想政治教育最基本的内涵。除此之外，在实践中，高校思想政治教育还向许多相关领域延伸。这些延伸了的内容，也是高校思想政治教育内涵的重要组成部分。例如：高校思想政治教育与历史教育、地理教育、国际政治教育相结合，延伸出认识基本国情与基本世情的问题；与法律教育相结合，延伸出培养民主意识与法治精神的问题；与时事相结合，延伸出认识形势与政策的问题；与大学生的日常生活相结合，延伸出高校日常事务中的高校思想政治教育问题。下面笔者将对这些延伸的内涵进行深入探讨。

一、引导大学生认识基本国情与基本世情

当前，人们受各种思想观念影响的渠道明显增多，程度明显加深，思想活动的独立性、选择性、多变性、差异性明显增强。当代大学生更是思想敏锐、勇于进取，思想观念趋于多元化，在各种社会思潮的影响下，往往表现出较强的事业心、责任感，但有时也会表现出参差不齐、社会责任感不强的弱点。针对这些复杂的现象，我们不能简单地肯定和否定，而应结合我国社会主义初级阶段的基本国情和当前国际形势，对大学生开展国情与世情教育，让他们认识到，只有坚持走中国特色社会主义道路才能使中国强大起来，激发学生树立为建设社会主义现代化强国，为人类作贡献的紧迫感、使命感和责任感。

在国情教育方面，除了加强国家历史与国家地理的教育，还要着重结合改革开放的历史进程，引导学生认识中国特色社会主义的强大生命力以及前进中面临的一些突出的问题。改革开放四十多年来，我国经济社会发生了天翻地覆的历史性巨变，取得的成绩备受世界瞩目。但在巨变面前，我们仍需保持清醒的头脑，必须看到，实现现代化、赶上世界先进水平还有很长的路要走。

在世情教育方面，除了加强世界历史与世界地理的教育，还要着重引导学生认识当今世界和平与发展的时代主题以及我国国际环境的复杂性。在 21 世纪，世界多极化和经济全球化的趋势在曲折中发展，科技进步日新月异，综合国力竞争日趋激烈。世界经济失衡加剧，能源资源供给压力增大，生态环境问题突出，贸易保护主义趋势上升，国际安全面临新的挑战。国际大环境对我国发展既有许多有利条件，也有不少不利因素，即要求我们党应准确把握人类社会发展规律，进一步推动建设和谐世界，为中国实现可持续发展创造所需要的外部环境；要求我们党应抓住机遇、加快发展，在未来的发展中赢得更多的主动权，在复杂多

变的国际格局中始终立于不败之地。这是我们党在面临国际局势变动中的新考验。

二、培养大学生的民主意识与法治精神

民主与法治是现代国家的基本特征，也是中国特色社会主义的本质属性之一。培养大学生的民主意识与法治精神，是高校思想政治教育的主要任务之一。民主意识与法治精神教育，是当代高校思想政治教育的重要内涵。

首先，高校思想政治教育要致力于培养大学生健康的民主观念。民主观念是现代国家公民的基本素养。我国是社会主义国家，我们培养的人才更应当具有民主的素养。高校思想政治教育要致力于培养现代国家合格公民，培养当代大学生健康的民主观念。众所周知，大学生作为青年群体的一部分，思想活跃，爱国热情高涨，参与国家政治生活的愿望强烈，向往民主。这种热情和愿望，如果引导到社会主义法治的轨道上，就会成为推进民主政治建设的一种积极因素。相反，如果缺乏正确的民主意识和清晰而牢固的法治观念，也不懂得参与民主政治必须依照法律的规定和法定的途径，分不清社会主义民主同极端民主化和无政府主义的界限，就容易给社会带来动乱和危害，而且也违背了大学生的美好意愿。法治教育可以使大学生学习到法律基本知识，增强法律意识，形成正确的民主意识和牢固的法治观念，从而通过正确的途径和方法表现自己的爱国热情，实现自己的政治愿望。

其次，高校思想政治教育要致力于培养大学生的法治精神。我国的社会主义法律是根据国家的经济、政治和社会各方面的需要，依据经济运行规律和社会历史发展规律制定的，是保证社会稳定和社会发展的重要武器。一方面，法律作为广大人民群众管理国家、建设国家的重要武器，为大学生投身社会实践，行使主人翁权利，提供了可靠的法律保障。它指导和规范着人们的社会行为及其方向。它明确地赋予人们所享有的权利和应当承担的义务，保护着青年大学生所享有的种种权利。它

为青年大学生的成长开辟了广阔的天地，保护着他们健康成长。如果有人侵犯了青年大学生所应享有的权利和利益，大学生可以拿起法律武器，依靠法律的保护而重新获得这些权利和利益。另一方面，大学生也要遵守国家的法律与制度，做知法、守法的公民，必须让大学生清醒地认识到，只有维护国家法律的尊严，才能赢得自己的尊严。大学生作为有知识的群体，是国家未来的栋梁，他们是否具有法治精神，很大程度上影响着中国特色社会主义的法治进程。加强对当代大学生的法治教育，是高校思想政治教育的重要任务。

最后，需要指出的是，社会主义民主政治并不是依靠行政命令就能推行的，最终还要取决于人们民主意识、法治意识的增强和政治素质的提高。只有增强人们的民主意识、法治意识，提高人们政治素质，他们才能够有序、有效地参与社会主义政治生活。当前，高校思想政治教育对大学生的政治素质教育相对突出，但对他们的民主法治教育却相对不足，这与社会主义政治文明进一步发展的需要是不相符的。在今后几十年，社会主义政治文明将会取得更大的发展。在这一过程中，高校思想政治教育应发挥强大的政治引导功能，强化对大学生的民主与法治教育，增强大学生的民主意识和法治意识，使之无论是在校期间，还是毕业以后，都能够有序、有效地参与社会主义政治事务。

三、正确认识形势与政策

形势与政策教育是我国高校思想政治教育的重要内容和重要形式，无论是从帮助大学生正确认识国内外形势，掌握党和国家的路线、方针和政策，从培养学生正确运用马克思主义的思想观点分析问题、解决问题等方面，还是从开阔学生视野、拓宽学生知识面、弘扬科学精神等方面，形势与政策教育都显示了其独有的作用与地位。其受重视程度也随着时间的推移、形势的变化而不断得到提升。从提出形势与政策教育应当列入教学计划，到决定在高校思想政治教育课程中设置形势与政策课程；从把形势与政策课程的管理纳入思想品德课的课程管理体系、列入大学教育全过程、规定保证平均每周不少于八学时、实行学年考核制度、成绩列入学生成绩册，到对高等学校学生形势与政策教育的地位、作用、做法等提出了更加明确、更加系统、更加规范的意见，我们不难看出党和国家对加强高等学校学生形势与政策教育的重视程度。

在形势与政策教育方面，高校要着重进行改革开放和现代化建设成就教育。改革开放以来，我们党带领全国各族人民，高举中国特色社会主义伟大旗帜，战胜各种困难和风险，开创了改革开放和现代化建设的新局面，深刻地改变了中国的面貌。我国经济实力显著增强、市场经济体制逐步完善、人民的生活水平大幅度提升、民主法治建设不断发展、文化更加繁荣、社会更加和谐、国防和军队更加强大、国际地位日益提高、党的自身建设稳步深入。中国的发展不仅使中国人民稳定地走上了富裕安康的广阔道路，而且为世界经济发展和人类文明进步作出了重大贡献。当代大学生出生并成长在改革开放的年代，通过形势与政策教育，不仅要使他们充分认识我国发展的成就和大好形势，进一步树立民族自信心和自豪感，更要使他们深刻懂得改革开放以来我们取得一切成绩和进步的根本原因，归结起来就是：开辟了中国特色社会主义道路，形成了中国特色社会主义理论体系，坚定了在中国共产党领导下走中国特色社会主义道路的信心和决心。

我国的政治经济形势在主流上是健康向上的，但是我们从事的是前无古人的事业，没有现成的经验可供借鉴，我们在国内外还面临着这样或那样的困难，这注定了我们前进的道路不可能是平坦的。因此，必须对广大学生进行形势与政策教育，使他们能够正确地看待当前的形势，看到形势的主流和健康的发展趋势。更为重要的是，我们党根据当前形势所采取的政策和措施，需要通过教育和学习的途径，为广大知识青年所掌握，以增强他们对社会主义事业必胜的信心。因此，形势与政策教育作为高校学生思想政治教育的重要内容，作为高校思想政治理论课的重要组成部分，在高校思想政治教育中担负着重要使命并具有不可替代的重要作用。因此，加强对大学生的形势与政策教育，是高校思想政治教育的重要内涵。

四、做好高校日常事务中的思想政治教育

高校的思想政治教育是一项长期的工作，不可有丝毫的松懈。为此，高校的思想政治教育必须做宽、做细、做深、做久，使之变成大学生日常生活的一部分；必须时刻关注大学生日常学习与生活中出现的每一个实际问题，力争将高校思想政治教育与大学生的学习与生活紧密结合起来，使高校思想政治教育无处不在、无时不有，这就是高校思想政治教育的生活化。注重日常生活中的思想政治教育，是高校思想政治教育的重要内涵。

大学生的日常生活是丰富多彩的，高校的日常事务是纷繁复杂的。做好高校日常事务中的高校思想政治教育，需要从多个层面入手。首先，课堂教学是高校最基本的学习活动。要充分发挥思想政治理论课在高校思想政治教育中的主渠道作用，同时要充分发挥哲学社会科学课在培养大学生的人文精神中的作用，充分发挥各类自然科学课程在培养大学生的科学精神中的作用。其次，学生日常事务管理是高校正常运行的重要环节。要在学生日常事务管理中渗透思想政治教育，实现管理与教育相结合，需要加强制度建设。制度化是任何工作走向正规化、科学化的必经之路。高校日常思想政治教育制度化，既包括日常管理工作制度化，也包括专职队伍建设的制度化。再次，丰富多彩的校园文化是大学生日常生活的重要组成部分。加强校园文化建设，才能为大学生的成才创造良好环境。校园文化建设首要的是加强校风、教风和学风建设，重点在于培育民族精神和大学精神，形成有自己学校特色的教风和学风。高校要通过开展丰富多彩的活动，寓教于乐、寓学于乐，以喜闻乐见的方式把高校思想政治教育融入大学生的学习和生活之中。最后，网络已经融入大学生的生活，它以信息量大、内容复杂等特点深刻地影响着大学生的生活方式和思维方式。为此，要切实加强校园网络建设，重点建设好集思想性、知识性、趣味性、服务性于一体的主网站，建立一支思

想水平高、业务能力强、熟悉学生特点的网络高校思想政治教育工作队伍和网上"评论员"队伍。高校的网络工作者要密切关注校园网的动态，留意学生关心的话题，并注意加强正确的引导，牢牢掌握网上高校思想政治教育的主动权，使网络成为高校思想政治教育工作的重要阵地。

第二章　高校思想政治教育教学内容的优化与创新

　　高校思想政治理论课开设的目的，在于对大学生实施思想政治教育，帮助学生树立正确的思想理念和价值观，培养社会主义建设者与接班人。在讲授过程中，需以教材为依据，与社会发展形势相结合，注重教学内容的优化和创新，使教学更具感染力与实效性。本章围绕高校思想政治教育教学内容的优化与创新展开分析，提出高校思想政治理论课教学内容优化创新的途径，强化高校思想政治教学的整体效果，促进当代大学生全面发展。

第一节　思想政治教育教学内容优化与创新的相关依据

　　思想政治教育内容，即一个社会为了实现其根本任务和目标，在思想政治教育活动中教育者通过一定的方式和手段对受教育者传递的思想政治观念、社会道德规范等。对于思想政治教育的内容结构，学界比较普遍的观点认为，思想教育、政治教育、道德教育、心理教育等诸多内容构成了思想政治教育内容体系，形成了一定的体系结构。这一结构关系中，各内容具有不同的地位和作用，思想教育（世界观、方法论教育）是先导，政治教育（政治理想、信念、方向、立场、原则等教育）是核心，道德教育（行为规范、道德认知、能力和品行等教育）是重点，心理教育（心理素质和健全人格等教育）是基础。也有学者在此基础上加上了法纪教育，认为思想教育是根本性内容，政治教育是导向性内容，道德教育是基础性内容，心理教育是前提性内容，法纪教育是保障性内容，五位一体，形成稳定合理的结构，从而最大限度地发挥思想政治教育的整体功能。内容结构状况不同，实施效果就不一样。

一、理论依据

（一）马克思关于人的全面发展理论

在《德意志意识形态》这一著作中，马克思提出了全面发展的相关理论，之后我国的《共产党宣言》也从侧面强调了全面发展的重要性。此外，在一些其他的著作中，也有着对全面发展的相关论述。马克思所提出的全面发展概念，强调了发展需要各方面之间的协调性，也指出了在实际的生产过程中，人类无论是在智力方面还是体力方面都需要得到充分协调的发展，从真正意义上做到能熟知全部的生产过程。从人类的发展角度来看，全面发展指的是从整体性的角度出发强调自身优势的整体发展。除此之外，全面发展还包括保证人的实际需求得到充分的满足，并能对自身周围的社会关系加以协调，且能让自身的个性得到充分的发展。从全面发展的实质来看，其内容也为高校思想政治教育的发展与落实奠定了坚实的基础。这主要是因为全面发展的相关理论概念为高校思想政治教育的实施明确了目标及内容，而且是思想政治教育得到落实最为重要的依据。因此，在网络时代，要实现对高校思想政治教育内容结构的完善，就必须从马克思的全面发展理论出发，将全面发展的概念及目标融入高校思想政治教育中，以强调学生在学习中主体性的发挥，并提高思想政治教育的有效性。

（二）马克思交往理论

马克思交往理论属于其唯物史观的范畴。所谓交往，指的是在一定的环境中人与人之间互动的一种方式，这往往也是生产所形成的条件，因为生产的产生必然需要人与人之间产生相应的联系。马克思交往理论除了涉及生产的内容之外，往往还要求与实践充分结合。在通常情况下，人类会通过一定的实践活动如生产活动等来明确自身在现实中存在的客观性，而为了使自身的需求得到充分的满足，人类在活动中往往会通过一定的方式来对自身周边的世界加以改变。因此，在这一活动形式中，不仅人类自身得到了充分的发展，而且促进了全新的活动形式的产生。正因如此，可以说人实际上就是实践活动的产物，一旦实践活动不复存在，那么人类甚至整个社会也将不复存在。除此之外，马克思还从普遍性的角度出发对交往进行了物质和精神两种不同类型的划分，而这对促进历史的进步也有着一定的作用。马克思认为，交往在人类的生活实践中占据着至关重要的位置，并对人的发展起到了决定性的作用，也可以说马克思交往理论就是建立在生活实践基础上。生活实践不仅为交往的开展奠定了重要的基础，还能有效促进人类及其周边各要素之间的结合统一。

从思想政治教育的本质来看，其也可看作是一个为丰富学生的精神世界而实施的一种特殊的交往方式，这也使思想政治教育比其他学科更具思想性。正确的思想意识并不是人类与生俱来的，也不会因遗传或者环境而决定，而是会通过不断交往以及活动的开展来形成。在网络时代，高校思想政治教育要想对其内容结构进行不断的调整与优化，就需要以新媒体所具备的特点为基础，强调交往在学生培养中的重要性，并要求学生利用交往来对困难加以克服等。要注意的是，在学生的交往培养中，教师应重视交往意识的培养，让学生能够主动参与交往中，并能选择健康的环境与他人之间建立交往的关系；使学生以网络大环境为背景，以社会在思想道德及行为意识方面的要求为依据，在相关的交往活动中接受由教师所传递的思想道德和行为意识等方面的内容并实现内化。除此之外，高校思想政治教育还必须通过对其内容的整合，强化其自身的实践性与针对性，让学生在学习中能将学习的内容与现实的生活世界等进行充分的结合，进而更加有效地对自身的思想、观念、意识等进行转变。

（三）马克思主义系统结构理论

物质之间有着相互作用等联系，这是马克思在系统结构理论中所提出的相关观点。无论是自然界中现实存在的物质还是人们自身所产生的精神活动，都处于不断的运动和变化中。除此之外，马克思在系统结构理论的基础上还提出了物质结构层次理论，指出物质结构往往会表现出多种大小不同的层次。在网络时代，马克思的这一结构理论也对高校思想政治教育具有一定的启示作用。一方面，高校思想政治教育中各内容之间有着其必然的联系，网络时代高校思想政治教育也应从系统结构理论的观点出发，结合发展和联系的观点来进行思考，进而在教育中采用更加有效的方式使思想政治教育的作用得到充分的发挥，并根据时代的发展对思想政治教育的内容结构等进行调整；另一方面，系统结构理论指出物质结构本身便存在一定的层次性，这也要求网络时代的高校思想政治教育对其结构内容等进行合理的分层，进而为高校思想政治教育构建更加科学的体系。

二、实践要求

在网络时代，无论国际还是国内，高校思想政治教育在实践领域都面临着新情况和新问题。就国际层面来说，随着各国政治、经济和文化的频繁交往，各种思想文化相互碰撞，思想政治教育内容随着经济全球化、政治多极化的发展而变得错综复杂；就国内层面来说，思想政治教育越来越渗透到人们的经济社会活动中，思想政治教育面临着前所未有的挑战；就技术层面来说，互联网技术的蓬勃发展，带来的不仅仅是传播技术的变化而引发的内容的不确定性，更多的是观念的变革。我们要有理论勇气回答这些现实问题，不断突破传统框架，勇于创新，使思想政治教育的内容不断丰富。其实，多年来，我国高校思想政治教育历经了发展和调整，一部分是在形式上的改变，其内容方面没有发生根本的改变；在实践过程中，内容结构方面存在的问题是导致高校思想政治教育实效性不高的根本原因。

（一）政治主导型思想政治教育将德性塑造等同于政治生活，背离了生活实际

政治主导型思想政治教育，是指在思想政治教育诸内容中，重点突出政治教育内容，并根据政治教育内容的实施需要来组合其他教育内

容，其他教育内容从属于和服务于政治教育内容。这是历史的产物，是当时社会政治、经济、文化共同作用的结果。计划经济体制的集中统一性，从体制上保证了思想政治教育只能为政治运动服务。在这样的历史条件下，思想政治教育的功能只能突出地表现为单一的政治功能，以政治运动为中心，使思想政治教育成为政治运动首当其冲的手段。诚然，政治教育在促进公民政治社会化过程中起到了重要的作用，因为无论一个人是否喜欢政治，都不能完全置身政治之外。但是，政治性是人的社会性的组成部分，强调政治性而忽略人的自然性和精神性显然是不合理的。思想政治教育的基础和重点是道德教育，是使人形成良好的、稳定的道德品行，缺乏道德教育基础的思想政治教育不过是空中楼阁。高校思想政治教育应当承载政治功能，但它不是政治本身，倘若将思想政治教育的终极关怀政治化，形成政治教育内容占主导地位的内容结构体系，甚至将人的德性塑造等同于政治生活，这无疑是脱离社会实际的，脱离社会实际的思想政治教育是没有生命力的，其危险性正如爱因斯坦所言：或许只能成为"一种有用的武器"，而不是"一个和谐发展的人"。

（二）知识化倾向的高校思想政治教育强调知识为本，偏离了对人的全面发展的终极关怀

作为高校思想政治教育主渠道的思想政治理论课程学习，是一把"双刃剑"，一方面体现了高校进行思想政治教育的重要性；另一方面，在内容上明显存在的一个问题就是一直表现出"知识化"的外在倾向，即主要是作为一门课程来学习，把思想政治教育与其他专业教育等同起来，知识的语言成为支配性的语言，道德的语言越来越弱化，这样的思想政治教育实际上在求真、求知的过程中不求善、不求美。知识之外的情感、想象、意志与信仰等遭到了排斥，这实际也是学校的智力训练与道德训练之间的可悲分割，知识和性格成长之间的可悲分离。这种以知识为本的教育，很难真正关注人的全面自由发展，因而很难给人以终极关怀。思想政治教育实际上是一种养成教育，掌握了政治理论知识并不

等于具备了良好的道德修养和精神修养，其结果往往是培养出"言语的巨人，行动的矮子"。

（三）预设的理想化的思想政治教育着眼于高扬革命理想的宏观目标，脱离现实生活的根基

传统的思想政治教育内容和原则通常具有高度的理想主义，把人设计成理想化的革命者，着眼于高扬人生理想的宏观目标。在经济全球化和社会转型时期的中国，社会生活各方面都发生了深刻的变化，网络时代大学生的价值观念和生活方式也发生了翻天覆地的变化。高校思想政治教育内容往往是课堂或书本上规定的道德原则、思想信念，脱离了现实生活的根基，未能从思想上解决好与现实的巨大反差，与社会上所盛行的实际现象大相径庭，无法对社会生活中的种种新事物做出应有的回应，从而使理论缺乏说服力，严重影响了高校思想政治教育的实效。需要强调的是，由于我国大学生的特殊性（长期应试教育竞争的熏陶），理想化的思想政治教育只能培养某种意义上的"圣人"，并不能有效地指导人们的行为。而思想政治教育应当以现实的、具体的人为基础，通过改变和提升人们的精神生活、培养人们的发展意识和精神，实现人的全面而自由发展。

（四）过分强调统一性和规范性的思想政治教育内容，忽略了思想政治教育对象的层次性和差异性

要实现中华民族的伟大复兴，在日趋激烈的国际竞争中立足，必须占领未来思想领域的战略制高点。在网络时代，教育者、受教育者以及整个教育环境等都发生了很大变化，其中有些还是根本性的变化。随着新媒体技术的广泛应用，在经济、文化全球化进程中，高校师生所面对的是一个更加复杂多变、新奇的世界，社会交往范围的扩大和形式的多样化，各种思想文化观念的冲击，不同角色和行为方式的转换，必然引起思想方式、价值观念的深刻变化。思想政治教育内容不顾教育者和受教育者的基础和需求，注定导致实效性不高。事实上，我国高校思想政治教育特别是思想政治理论课存在内容过于统一和规范的问题，无论是怎样层次的大学（本科教育或高职教育），无论是什么专业的学生（理

工科、文科或艺术类），或者不管是怎样的地区（发达或欠发达），思想政治教育内容总是一纲一本，过于统一和规范，对于不同价值文化间的交流与对话予以漠视甚至逃避。因此，当前高校思想政治教育应当允许学校从各自的特点、专业情况、地区特性、学生特质与需求出发，分析教育情境来确立课程的具体形态和结构，以大学生为主体，以生活经验为中心，适当整合教育内容，体现学校、教师和学生的自主性以及实际差异性。

总之，网络时代的高校思想政治教育内容结构优化，需要以跨界思维为逻辑起点，以更加兼容的态度，跨越国家地域和政治、经济、文化界限，以更为坚定的爱国情怀面对多元文化与多样价值观的影响，以积极竞争的勇气和国际化的视野面向国际竞争，以博大的胸怀和对自然及人类社会的热爱彰显人文关怀。

第二节　思想政治教育教学内容优化与创新的原则与要求

高校思想政治教育教学内容的优化与创新需要遵循马克思主义，将习近平新时代中国特色社会主义思想作为重要指导，树立共产主义理想，加强社会主义核心价值观的培养。高校教师应该立足于教材，通过整合分析教材中的核心知识，优化与更新理论研究成果，根据人的基本需求理论、人才发展规律，把握教材内容与学生学习需求的契合点；立足于时代发展，结合学生的基本特点，加强各个课程间的内在联系；坚持方向性、时代性、规律性及实效性的基本原则，促进高校思想政治教学内容的创新与发展，为当代大学生的综合发展奠定良好基础。

一、高校思想政治教育教学内容优化与创新的原则

（一）重视方向性把控

在经济全球化与文化多样化背景下，高校思想政治教育教学内容的基本功能是借助马克思主义理论丰富学生的思想，运用社会主义核心价

值观指导学生，将思想价值贯穿于课程教学中，使学生认同中国特色社会主义建设，形成良好的文化观念与国家理念，为实现中国梦而努力奋斗。由此可见，高校思想政治教育有着显著的政治方向性特征，教师肩负着传播正能量、发扬主旋律的社会职责。

借助高校思想政治理论课程载体，组织学生不断探索与了解个人成长与国家未来发展命运的内在联系，正所谓"少年智则国智，少年富则国富，少年强则国强，少年独立则国独立，少年自由则国自由，少年进步则国进步"。当代大学生有梦想、有能力、有担当，国家发展才会有前途，民族建设才会有希望。只有国家强大繁盛，个人才能获得更大的发展空间。

（二）重视时代性的展现

开展思想政治教育，要始终坚持"做好高校思想政治工作，要因事而化、因时而进"的基本指导思想。高校思想政治教学内容比较固定，但是教学内容应该与时俱进，把握时代发展的脉搏。要学会正视社会经济日益变化形成的新形势、新问题，运用科学正确的精神与态度解决相应问题；体现理论学术界的思想动态与政治、经济、文化等方面的实际情况，展现学生思想的动态变化。在高校思想政治教育中，教师要根据教材内容的相关理论问题，从学生较关注但缺少说服力的现实问题入手，引导学生展开深入分析，将"活"理论与"活"实际引用到思想政治教育中，运用典型案例、生活实例等，丰富思想政治教学内容。高校思想政治课程教师还要借助信息技术、多媒体技术等手段，深入挖掘与教学主题有关的素材内容，使教学内容与时代发展相互融合，满足时代发展的基本要求。教师可适当增添具有针对性、真实性的教学内容，突出教学内容的时代性、社会性、现实性等特点，使思想政治教学更加灵活、生动，激发学生的课堂学习热情，进一步强化教学内容的说服性，完善学生的学习思维，使学生感受到思想政治理论学习的魅力与乐趣，改变学生对思想政治理论课的固有认知。

（三）重视规律性的掌握

借助高校思想政治课程教学的途径，可帮助学生树立良好的世界观、人生观、价值观，对学生日后的学习与成长意义重大。高校思想政治课程教学内容，主要围绕国家价值观念，对学生的价值选取与是非判断指明正确的方向，从某种意义上说是基础理论的讲解，是思想政治理论课程的供给侧。当代大学生在成长过程中要面对各种要素的限制和影响，因此要从客观层面给予当代大学生帮助，从某种层面上分析这是一种内在需求，是当代学生成长发展中的需求。只有实现高校思想政治教育目标与个人目标的融合，供给和需求相互连接，才能发挥思想政治教育的积极作用。推进高校思想政治教育课程改革创新，面临的难点是怎样唤醒当代大学生对理论的内在需求。高校思想政治教育课程教学内容的创新变革，应该遵循以学生为本的基本原则，尽可能探索基础理论与学生根本需求的契合点，结合教学规律、思想政治工作规律、学生成长发展规律，展现课程的价值作用。高校开展教学实践活动，就是根据上述规律，促进教学体制向教学机制转化，对学生成长发展中的思想动态释疑解惑，促进当代学生的综合发展。

（四）重视实效性的坚持

高校教师应该根据教材，立足于时代发展、学生基本特点、各个课程间的内在联系等多个方面，运用整合、补充、优化等方式实现教学内容的更新，彰显高校思想政治课程的教学重点、社会特点、学生关注焦点、思想问题难点等内容，引导学生根据已掌握的知识进一步分析社会问题，增强学生的知识应用能力，加深学生对知识内在本质的理解。对于高校思想政治课程教学中的抽象内容，教师要运用多元教学方式，使教学内容直观、生动地展现在学生面前，让学生通过现象看到问题的内在本质，提高学生解决问题的能力。高校教师在策划教学内容时，需要增强教学内容的时代性与生活性，拉近学生与理论知识的情感距离，重视理论内容的讲解，还要强调实际问题的探究，真正帮助学生解决思想层面的问题，使思想政治课程向实践性、生活性方向转变，将教学内容与学生日常生活联系起来，满足学生的学习需求，促进学生综合发展。

二、高校思想政治教育教学内容优化与创新的要求

网络时代的高校思想政治教育内容结构的优化与创新不是抛弃基础、否定过往、标新立异，而是在继承传统的基础上，结合时代特征，为教育内容注入新的血液。要全面考虑网络对高校思想政治教育的影响，在整体要求的基础上，根据原则，进行内容结构的优化。"优"是一个定性的动态过程，表示着方向；"化"则是一个定量的表示，要以思想政治教育目标和任务的实现为根本标准。为此，网络时代的高校思想政治教育内容结构的优化与创新，要做到正确把握思想政治教育内容的要素结构与层次结构的关系，既体现内容要素结构的完整性，又体现内容层次结构的序列性，在具体设定上力求做到贴近社会现实、贴近专业要求、贴近学生实际。

（一）内容结构的层次方面

1. 在横向结构方面，坚持主导性和全面性相结合，克服单一化和简单化

网络时代，高校思想政治教育内容是多类型、多向度、多层次的统一的有机整体。横向结构层次，主要是指思想政治教育内容同一层次的各要素之间的相互作用及延展关系。思想政治教育内容的全面性，体现在人与社会全面发展的整体联系上。在这个整体联系中，有一个起着主导作用的要素，决定和支配着思想政治教育的其他内容，同时也决定着其性质和方向，这个要素就是思想政治教育。高校思想政治教育之所以必须坚持以政治教育为主导，取决于它能实现一定社会阶级或集团的政治目的。同时，一定的阶级和社会总是对其社会成员提出全面性要求，体现人的素质的多维性、丰富性、整体性，从而形成由政治教育、思想教育、道德教育、法纪教育、心理教育组成的思想政治教育内容类型结构。因此，在思想政治教育内容体系的构建中，要从思想政治教育内容的横向联系出发，在主流意识形态的引领下，从人与社会、人与他人、

人与自然以及人与自己的关系层面确定对受教育者的要求，以整合类型相近的教育内容，为了解决现存的内容重复交叉和单一等问题，我们需要增强高校思想政治教育内容的整体性和系统性。[①]

2. 在纵向结构方面，坚持层次性和针对性相结合，克服缺乏层次性和针对性的弊端

层次是表征系统内部结构不同等级的范畴，是指系统要素有机结合的等级秩序，表征为次序。高校思想政治教育内容根据教育对象的角色层次、心理层次和接受水平与能力，将思想政治教育划分为三个层次：基础层次的教育内容（道德教育、心理教育等）、较高层次的教育内容（思想教育）和高层次的教育内容（政治教育），这三个层次相互联系、有机统一，呈现出由低到高的递进关系，使教育内容由低到高、由浅入深、螺旋上升、循序渐进。

（二）在内容选择层次方面

要体现理论性与实践性的结合，克服教育内容抽象、晦涩和僵化的缺陷。目前的高校思想政治教育内容的理论性与实践性结合得还很不够，在内容结构安排以及语言描述方面，也都较生硬、晦涩，与实际需要有所脱节。受传统政治、经济、文化环境的影响，高校思想政治教育内容因经典而权威，因权威而导致层次结构僵化，削弱了内容的影响力。在这种情况下，经典的理论一旦被束缚在陈规旧条中，就不能被赋予崭新的活力，不能被大众熟悉的语言所表述，则将无法被认同和内化，更谈不上外化为行动力。因此，只有从实际出发，坚持与时代同步，与青年学生同步，并且紧紧抓住客观运动着的物质世界的规律性与特征，抓住变化的时代脉搏，抓住高校思想政治教育内容与时俱进的要求，才能使思想政治教育入脑入心，通过针对性、新颖性的多级层次要求，学生可以达到积极接受、主动内化的效果。为此，在内容选择上要

---

① 李颖存. 新媒体时代高校思想政治教育创新研究 [M]. 成都：电子科技大学出版社，2020：61.

做好以下几点：

1. 优化高校思想政治教育的内容结构要做到"三贴近"

一要贴近社会现实。当前我国大学生思想政治教育存在的突出问题就是发展的滞后性，即思想政治教育内容结构体系滞后于经济发展，滞后于国内、国外形势的发展和变化。针对这一突出问题，在大学生思想政治教育内容结构体系上，要深入研究与现实相适应的思想政治教育内容。只有这样，才能激发大学生对社会现实的关注，用正确的世界观、人生观、价值观、政治观、道德观和法治观看待我国社会主义现代化进程中出现的一系列社会问题，并且能够运用自己的聪明才智去解决问题。

二要贴近专业要求。以往传统思想政治教育存在泛知识化现象，将思想政治教育和专业理论、专业技能等智力教育混淆起来，使高校思想政治教育处于弱势地位。在网络时代，新媒体所传播的海量信息，其中也有一些信息是与大学生所学专业息息相关的，也就是说是有益于大学生专业学习的。因此，网络时代高校思想政治教育应当密切关注思想政治教育与专业教育之间的相互交融关系，促进高校思想政治教育内容与专业理论、专业技能的紧密联系，使之有助于大学生的专业选择、学习和素质的提升。同时，在社会生活中，道德是客观存在的，道德是人聪明、完善之本，也是社会和谐、发展之基，因此进行专业教育也应以培养有道德的人为前提，只有认识到这一点，才能真正为社会培养出全面发展的有德性的职业人。

三要贴近学生实际。首先，是与学生的学习相结合。实践证明，现实环境、现实的直接的实践活动以及密切相关的实际利益，才是人们所关心的，也才是最能吸引人们注意力的。网络时代的高校学生，获取信息的渠道是全方位的，任何脱离实际的教育内容只会让其产生冷漠、反感甚至是逆反心理。所以，高校思想政治教育内容除了包括马克思主义理论以及党的纲领、路线、方针、政策、法规等以外，还应包括一切对身心人格健康有益的知识、道德文化、习俗习气、科学精神、人文精神、生活方式、行为规范、民主和法治意识、社会热点和焦点等，让大学生从被动接受变为主动接受和选择。提高思想政治教育的生命力，要求我们要适应时代，积极拓宽教育视野，不断深入地研究新情况、解决新问题，最大限度地吸收最新的理论研究成果并加以学习、研究和运用。比如，增加创新教育的思想、人与自然和谐共生的世界观、生态道德、全球意识、媒体素养等教育内容，用新的内容去教育和武装大学生，使他们得到更多实际的、有效的引导和帮助。

2．优化高校思想政治教育的内容结构要与学生生活相结合

大学生实际上是"半社会人"，正处于成人的关键时期，必然会经历一些成长的蜕变。年轻无极限，张扬是这个时代大学生的个性特点，但随着他们面临的机遇和困惑增多，需要思考和处理的问题也相应增加，会不断面临各种抉择。如何科学设计生涯规划以积极参与竞争，如何与人交往以适应现实社会和虚拟社会的复杂环境，如何化解压力以解决各种各样的矛盾，都是他们所要面临的具体问题，处理不好会影响他们的前途。高校思想政治教育内容既要有利于锻炼学生的现实生活能力，又要能够培养学生的可持续发展能力；要以生为本，从关注日常生活中的实际问题入手，帮助他们排忧解难；要积极引导学生学会生存，学会尊重和关心他人，学会共同生活；要培养学生在活动中的积极参与和合作精神；要倡导他们研究人类面临的普遍问题，增强其全球意识和人文关怀；要有意识地培养学生的国际观念和意识，使其树立为全球服务的观念，具备开展国际合作交流与国际竞争的知识和能力。只有在学生生活的不同领域全方位、最大限度地贴近学生，高校思想政治教育内容才能最大范围地被学生接受、认同和转化，思想政治教育的实效性才能提高。

第三节　思想政治教育教学内容优化与创新的设计层面

面对网络时代高校思想政治教育内容结构所出现的新情况和新问

题，需要在理论、原则和要求的指导下，对其进行主动调整，实现最大程度的优化。

一、政治层面：以政治教育为核心，突出高校思想政治

教育的主导性内容：高校思想政治教育的内容丰富，在内容体系中，如前所论述，政治教育居于主导地位，起着决定和支配的作用。政治教育，主要是进行政治理想、信念、方向、立场、观点、情感、方法等方面的教育。以政治教育为主导，就必须始终以理想信念教育为思想政治教育的核心内容。面对复杂的国际国内形势，我国高校思想政治教育工作面临的主要任务是加强爱国主义、集体主义和社会主义教育，帮助学生树立正确的政治观，增强国家归属感和社会责任感，在对待走什么道路、依靠谁来领导、坚持什么样的指导思想等诸多政治问题上，真正"讲政治"，真正坚持党的基本理论、路线、纲领和原则。道路标定方向，道路决定前途。我国高校思想政治教育应引导学生以厚重的理论底气、高远的政治视野和雄厚的实践基础坚定道路自信；要通过开展扎实有效的政治教育，使大学生正确认识社会发展规律，认识国家的前途命运，认识自己的社会责任，确立在中国共产党领导下走中国特色社会主义道路、实现中华民族伟大复兴的共同理想和坚定信念。同时，要积极引导大学生不断追求更高的目标，树立共产主义的远大理想，确立马克思主义的坚定信念。

二、思想道德层面：自觉树立社会主义核心价值观，优化高校思想政治教育的基础性内容

思想教育，主要是进行世界观和方法论教育，着重解决主观与客观相符合的问题。道德教育，主要是进行行为规范的教育，内化道德规范，提高道德判断能力，培养道德情感，养成道德行为，提高道德品质。改革开放至今，在经济全球化局势之下，在社会经济成分、组织形式、就业方式、利益关系和分配方式日益多样化的同时，人们思想活动

的独立性、自主性、选择性、多变性和差异性也日益增强，社会思想空前活跃，各种思想观念相互交织，各种思潮不断涌现，对大学生的思想产生了很大的影响。网络时代高校思想政治教育必须从大学生思想实际状况出发，以社会主义核心价值观为引领，帮助大学生树立科学的世界观、人生观、价值观和道德观，以指导和推动生活、学习和工作。

（一）要突出社会主义核心价值观教育

社会主义核心价值观是指人们在社会主义体制下，对价值的性质、标准、构成以及评价所持的态度和看法。人们从主体需求角度出发，考虑客体是否能够满足主体的这种需求以及如何才能满足，并且考察社会上各种物质、精神文化现象和主体的行为对无产阶级、个人、社会群体等产生的意义。网络时代，高校必须从大学生思想状态的实际情况出发，坚持社会主义核心价值观，引导大学生树立正确的思想价值观念，科学地指导其日常生活与学习；及时转变传统的教育观念，牢固树立社会主义核心价值观的指导地位；积极探索创新先进的教学方式，做好大学生思想政治教育工作，全面践行道德规范，使学生形成良好、稳定的行为品格。

（二）要深化科学发展观教育

在大学生思想政治教育工作中，科学发展观是灵魂。它不仅集中体现了马克思主义的世界观与方法论，还与毛泽东思想、邓小平理论等先进思想一脉相承，对我国社会主义事业的发展起到了重要的指导作用。科学发展观是我国建设特色社会主义事业必须时刻深入贯彻落实的重大战略指导方针，对社会经济的发展具有十分积极的促进意义。在网络时代下，我国社会主义事业的建设与发展正面临着重要的转折期。高校若想解放思想政治教育工作的思想，需高度重视科学发展观，并将其贯穿落实到各项教学工作当中，以顺应时代发展的客观要求。

（三）要加强网络道德教育

1. 网络道德的内涵

网络道德就是指将善恶作为衡量的准则，通过社会舆论、人们的信念以及借助传统的习惯来评价人们的行为举止，是调节人与人之间、人与社会之间关系的行为规范。

网络道德的基本内涵主要包括爱国为民、遵纪守法和文明诚信。

（1）爱国为民

爱国为民是社会主义道德的一项基本要求，将其应用到网络道德上可以包括以下几个方面：不在网络上发布一些损害集体、国家以及民族利益的言论；不得做出危害集体和国家的事情；要抵制一些不良的事件，与一些反动势力进行斗争，抵制破坏国家、破坏民族团结以及破坏社会主义制度的行为。我们从小就受到的道德教育中包括爱国爱党、为人民服务，这是我们建立正确的世界观、人生观、价值观的基础，是强化爱国意识和民族意识的基础。坚持"爱国为民"是大学生应当遵守的最重要的网络道德。

（2）遵纪守法

遵纪守法不仅是每个公民都要履行的义务，还是网络道德最基本的要求。在网络道德中，遵纪守法的要求是对每一个上网的公民做出有关限制与规定：不得删除、修改或破坏网络系统中的数据、应用程序；不得利用网络做出危害国家安全、泄露国家机密的犯罪活动；不得擅自进入别人的计算机系统中盗取或篡改他人的信息；不得在计算机中传播病毒或者做出侵犯网络和他人合法权益的行为；要能够正确运用法律手段保护自己的合法权益不受侵犯。

（3）文明诚信

文明诚信所包括的内容是：不在网络上发表任何虚假的事情；不得故意散布谣言、扰乱社会秩序；不在网上宣传各种封建迷信、庸俗、色情、淫秽、暴力、恐怖等信息；不在网络上查阅、复制和传播妨碍社会治安和伤风败俗的不良信息；不对他人做出侮辱性的攻击、谩骂以及捏造事实诽谤他人；不在网络上编造和传播黄色等信息。

大学生作为当代社会的主力军，应当坚决地反对各种不良信息，对自己在网络上发表的言论负起责任来。同时要有自我约束和保护能力，从自我做起，遵守网络道德，做一名网络绅士，也要捍卫网络道德尊严，做一名网络卫士。

2. 网络道德教育的对策

（1）从大学生自身来说，要增强其网络道德自律意识

第一，大学生要树立起正确的价值观和道德观，才能在复杂的网络世界中形成正确的价值判断和情感判断，自觉抵制网络不良信息，才能增强在网络世界中的自我控制能力；而不沉溺于网络、不迷失自我，才能合理利用网络提升自我。

第二，大学生要增强道德自律意识。一个人只有具备了较强的道德自律意识，才能对自己的价值有所认识，才能进行自我控制，在做出一些行为决定时会首先考量自己的行为是否符合自己的价值观念；才能在面对网络世界中的善恶、是非时做出正确的判断，并用道德约束自己的行为，不受网络是非的影响。所以，道德自律意识的培养在规范大学生网络道德行为上是一种必然选择。在网络社会中，大学生要做到道德自律，关键在于"内省"和"慎独"。所谓内省，心理学上又称为自我观察法，是指个体在内心省察自己的思想、言行有无过失。慎独是指修养主体在无人监督、有做坏事的机会和条件并且不会被别人发现的情况下，仍然自觉不苟地按照既定的道德原则和信念行事，不出现违规的念头和行为。内省和慎独都是我国古代儒家学者提出的具有民族特色的自我修身方法。内省可以帮助个体重新认识自己，明白自己是什么样的人、自己到底需要什么，从而决定自己未来的走向。内省能让大学生看到自己的优势和不足，客观看待挫折与失意，同时在内心稳定信念的指引下，努力去克服消极情绪。慎独能让大学生自觉谨慎对待自己的内心和行为，自觉谨慎遵守道德规范，自觉谨慎防止违背道德的观念出现，不做违背道德要求的行为，成为一个真正的道德高尚的人。

第三，大学生要合理安排和利用时间，让自己充实起来。大学是自由的殿堂，可以让一个人充分自由地发展。在这个阶段，学生可以将大部分时间和精力用于学习，建立和完善自己的知识结构；可以参加社团

活动,担任学生干部,参与社会实践活动,以提升自己的表达能力、动手能力、交际能力、管理能力、创新能力、决策能力等,提升自己的综合素质。大学生要合理地安排和利用时间,让自己"忙碌"起来,才不会运用网络做一些无关紧要的事,不会做出与道德要求相违背的行为。

(2)完善网络相关法律法规,加强对互联网的有效管理

网络的虚拟性与匿名性不可避免地会诱发一些网络不道德行为,因此需要制定和完善网络法律法规。这不仅可以使大学生在进行网络活动时有章可循,明确自己应该担负的网络责任和义务,而且可以帮助他们牢固树立网络法律意识,提高他们的网络法律素质,这样即使在无人监督的网络环境中,他们也不会做出与道德要求相违背的行为。此外,不良的网络环境是大学生网络道德失范行为产生的土壤,要培养大学生的健康网络行为,必须规范网络秩序,净化网络环境,防止不健康的信息在网络上出现。为此,国家要加强对各大门户网站或商业网站的监管力度;相关部门要加强网络环境治理,给学生一个绿色的网络环境;高校要加强网络环境治理和校园网建设,结合本校的实际情况,制定适合本校的网络管理制度和管理办法,有效制止大学生网络道德失范行为。

(3)构建"三位一体"全方位的网络道德教育格局

①加强和改进高校德育工作,营造良好的校园文化环境

第一,积极开展各种校园文化活动建设,有效提升大学生的人文素养。高校校园文化是社会主义先进文化的重要组成部分,加强校园文化建设对全面提高大学生综合素质、使大学生形成良好的上网习惯具有重要意义。大学生的兴趣爱好极为广泛,在学习之余渴望丰富多彩的精神生活,如果学校不能满足学生的这些正当要求,导致学生的课余生活单调、枯燥无味,那么各种错误的、低级腐朽的东西就会乘虚而入,学生的理想信念可能会发生动摇。因此,高校要组织丰富多彩的校园文化活动,如开展主题思想教育活动,以增强学生的爱国主义、集体主义、社会主义意识,形成正确的世界观、人生观和价值观;开展科技创作活动,以提高学生的创新素质和实践能力;开展学术讲座、学术研讨和学

术交流活动，使大学生增长知识、开阔视野，以提高大学生的人文素养和科学素质；开展丰富多彩的校园文化艺术活动，为广大青年学生提供施展才华的舞台和机会；以社团为载体，开展丰富多彩的活动，为大学生提供一个展示、锻炼、提高、发展自己的舞台；开展以扶困助残、慈善抚恤、感恩社会为主题的社会实践活动，培养大学生的道德情感。总之，各高校应该积极探索能调动学生积极性的文化建设的方式方法，让大学生在多姿多彩、积极健康的校园文化中陶冶情操、启迪智慧、愉悦身心，使大学生在上课之余有事可干，从而树立正确的网络道德观念，养成良好的网络道德习惯。

第二，高校要开设网络道德教育课程。为了让大学生更好地接受德育理论，帮助大学生树立网络道德意识，使其自觉维护网络秩序、遵守网络规则，高校可以借鉴国外的做法，在向大学生介绍网络科学技术知识的同时，把网络道德教育引入课堂。例如：美国杜克大学开设了"伦理学和国际互联网络"课程，麻省理工学院开设了"电子前沿的伦理与法律"课程，普林斯顿大学开设了"计算机伦理与社会责任"课程。在我国，高校思想政治理论课是高校德育传播的主渠道，所以思想政治教育可以另外开设网络道德课程，开展网络道德和法治教育，提高广大学生的网络道德水平，增强自律、自重意识，提高对假、丑、恶的分辨能力，有效避免大学生网络道德失范现象。

第三，高校要建立高素质的网络德育工作队伍。教育成功的关键在于优秀的教师，大学生身心还不成熟，因此需要教师的正确教育引导。为了切实做好大学生德育工作，高校要建立一支高素质的网络德育工作队伍。这支队伍不仅要包括高校思想政治理论课教师，还要包括高校管理者及院校职能部门领导、班主任、辅导员、学生骨干、专家教授、青年教师。这支队伍要具有较高的政治理论水平、全面的知识结构，既要有自己专业领域的知识，又要有网络专业知识和操作技能以及教育学、心理学等全面的知识体系。通过这支队伍，解释有关政策、制度，引导校园网络舆论，对校园网络文化进行全方位、多层次、多角度的建设和管理。这支队伍要经常和学生接触，关心爱护学生，了解学生的所思所想，密切注意学生的思想道德和行为变化，对学生心理上的困惑要及时给予科学的解决，对学生出现的不良行为要及时纠正。

②重视家庭教育

家庭教育是基础教育，一个家庭的理念、生活方式等都会对孩子产生重要的影响。父母作为孩子的教育者，对孩子的影响是巨大的。父母首先要以身作则，规范自己的网络行为，提升自己的网络道德水平，引导孩子形成正确的上网行为。尽管大学生不在父母身边，但作为家长要多跟孩子电话联系，加强沟通和交流，关心孩子的学习生活及心理，让孩子感受到来自家庭的温暖和父母的爱。家长要鼓励孩子参加各种校内活动以及社会活动，锻炼自己的能力，塑造自己的个性，增进自己的成长，规范他们沉迷于虚拟网络的行为。

③营造良好的社会网络环境

人既是社会环境的创造者，又是社会环境的产物，个体道德的培育离不开社会环境的整治和优化。因此，纠正大学生网络道德失范，还必须充分发挥社会主体的积极作用。

首先，社会应该加强正确的舆论引导。正确的社会舆论起着十分重要的推动作用，它可以引导大学生树立科学的价值观、人生观、世界观、道德观。为此，社会媒体要营造良好的社会舆论氛围，以生动的案例教育大学生，传导、褒扬善举、德行，谴责、鞭挞失范行为，使整个社会形成惩恶扬善、扶正祛邪的良好道德动力和压力，促进大学生网络道德从他律转为自律，从而形成良好的网络道德意识。

其次，强化网络从业者的责任意识。不少网络从业人员为了牟取暴利，不惜借助色情、暴力游戏等违法网站，获取高额利润。所以，从业人员要以法律规范、文明经营的理念提高行业的自律道德，遵循应有的网络规范，加强对网络环境和信息的安全管理。

最后，政府部门要加强对网络从业者的管理监督，取缔非法经营行为。还要聘请专业技术人员监督网民的网络行为，严厉惩处网络道德犯罪，净化社会的网络环境，从而为大学生网络道德的培养营造良好的社会环境。

网络作为科技发展的产物，已经渗入当代大学生的学习和生活中，它在给大学生带来便利的同时，也引发了大学生的网络道德失范行为。但在大学生的网络道德自律意识增强、网络法律法规完善以及高校、家庭和社会"三位一体"的道德教育格局下，大学生网络道德失范问题一定会得到有效控制。

（四）要进行心理教育

目前，高校心理教育工作的内容主要涉及对大学生的心理健康进行知识性教育、提供咨询服务以及行为训练等，主要目的是提高当代大学生的心理素质水平，增强他们的个人意志，使其养成艰苦奋斗、坚韧不拔的良好品质，不断促进大学生综合素质的全面发展，从而能够更好、更快地适应社会生活。高校将心理健康教育纳入思想政治教育工作当中是顺应社会发展的必然要求。就目前而言，高校在开展心理健康教育时应将重点放在指导学生的心理健康，提高他们的心理素质水平，使其形成健全良好的人格与乐观坚强的心态上，以适应当今社会的激烈竞争。

（五）要开展职业素质教育

职业素质教育是大学生思想政治教育内容的拓展延伸，在高等教育改革中占据了非常重要的地位。在当前素质教育背景下，高校应以职业教育为切入点，将其纳入大学生思想政治教育工作体系，不断促进高等教育的深化改革。通过建立这种长效育人机制，完善相关的组织培训与保障体系，能够在社会实践和勤工助学、创业、就业、学习等方面形成一种联合机制，充分挖掘第二课堂、实践活动等传统教学项目的内涵、价值。对于高校而言，要想培养出符合社会经济发展要求的创新型人才，应积极探索、创新实践形式，组织学生参加志愿服务、社会调查、科技发明等各种实践活动，以提高他们的职业素质为根本目的，提高思想政治教育工作的实效性。

三、文化层面：弘扬中国传统文化，融入世界文化，奠定思想政治教育的人文精神根基

网络时代，是一个信息膨胀的时代。新媒体的迅猛发展及快餐时代的到来，使传统的人伦关系和人际道德面临着非常严峻的挑战。就文化层面来看，在文化多样化的发展大趋势下，包括中国在内的各国传统文化的生存和发展在不同程度上受到了挑战，从而对思想政治工作的文化根基带来冲击。马克思指出："人们自己创造自己的历史，但是他们并不是随心所欲地创造，并不是在他们自己选定的条件下创造，而是在直接碰到的、既定的、从过去承继下来的条件下创造。"因此，优化网络时代高校思想政治教育内容结构，必须大力继承和弘扬中国思想道德教育的优良传统，正确借鉴和吸收世界思想道德教育的优秀成果，赋予所继承内容以时代内涵，使之具有时代价值；赋予所借鉴的国外思想道德教育内容具有中华民族底蕴，使之具有中华民族文化特色，使大学生树立起人文精神，特别是民族精神。

（一）继承和弘扬中华民族优良思想道德教育传统，并赋予时代意义

1. 生态道德教育

文化是维系一个民族的精神纽带，没有文化的民族就没有民族精神。我国思想政治教育内容的建构总是立足于中华民族根基，植根于民族文化沃土，有着强烈的民族性。在中国古代贤哲那里，他们自觉不自觉地运用着层次和结构概念，把"道""阴阳""天""地""人"看作一个统一的整体，强调"天人合一"。"天人合一"作为中国古老的哲学命题，其核心是强调"天道"和"人道"相通，"自然"和"人为"相通，最早由战国时期的子思、孟子提出。后来，庄子提出"天地与我并生，而万物与我为一"的思想，认为人与天本来就是合一的，只是因为人的不同思想观念、不同的主观意志破坏了天人的"统一"或者说天人的"合一"，人应当与天合一，应当消除天人间的差别。之后的中国历代思

想家、哲学家从不同的角度丰富和完善了"天人合一"的思想，努力追寻天人相通，以达到天与人的和谐、协调、一致。这种"天人合一"的自然观，对加强生态道德教育有很大的启示。

所谓生态道德教育，是在横向比较、纵向扬弃的基础上提出的一种新德育观和新的德育范型。它教导人们，不仅人对人的社会行为，而且人对环境的自然行为均要受到伦理评价；不仅要正确处理个人与他人、个人与集体、个人与社会的利益关系，还要恰当地对待人与自然的交往行为、利益关系、短期与长期关系，摆正人在自然中的位置。因此生态道德教育将以一种更为宽阔的道德视野，教育和引导人们学会热爱自然、热爱生活、享受自然、享受生活。同时，生态道德教育还是社会公德的重要内容，是否具有良好的生态道德意识，是现代社会衡量一个人全面素质的重要尺度，也是衡量一个国家和民族文明程度的重要标志。

在网络时代，生态道德教育是一种新型的道德教育活动，是指教育者从人与人、人与社会、人与自然的道德观出发，引导受教育者树立一种崭新的人生观、自然观和生存发展观，在社会领域要不断调节人与人、人与集体、人与社会的关系，使人的行为符合集体和社会的需要，营造一种人与人相互尊重、相互依存的人文生态环境，促进社会的和谐发展；在自然领域要扩展社会领域长期所形成的道德原则、道德规范，有意识地控制人对自然的盲目行为，营造一种人与自然和睦相处、互惠互利的自然生态环境，促进人与自然的和谐共生，从而使受教育者在双生态环境（人文生态、自然生态）中自觉养成文明和谐、珍惜资源、保护环境的道德素质和文明习惯，成为既能协调处理人与人、人与社会的关系，又能协调处理人与自然关系的理性生态人。

2．人伦自觉意识教育

所谓人伦自觉，是指个体在对人伦关系认知的基础上能够自觉地体现出对他人应有的回应、责任以及义务等，同时也能够充分尊重、理解、关爱他人，追求与社会中的其他个体融为一体，形成一个被社会所认可的更大的动态范畴。在网络时代，社会发展依托于网络技术、数字技术和移动技术等而得以前行，生活在这样一种环境背景下的人们必然会不断地在现实与虚拟之间游走，世界观与人际交往关系等都受到不同程度的冲击。基于现实社会与虚拟社会之间复杂的人际关系，高校亟需对大学生的人伦自觉加以引导，以适应社会发展需要。大学生道德伦理教育存在于思想政治教育的每一个环节当中，具体包括处理好个人与他人、集体、社会和国家之间的关系，尤其是在网络时代，高校在构建思想政治教育内容体系时既要继承中国传统道德内核，活化德育资源，塑造鲜明的民族价值观取向，也要结合时代的发展精神，不断提高大学生的道德水平与责任意识，充分调动思想政治教育工作者和大学生主动参与教学活动的积极性，不断强化人伦自觉意识的教育。

3. 和谐心灵教育

关于"心灵"一词，有学者认为见于《隋书·经籍志》："诗者，所以导达心灵，歌咏情志者也。"古人认为心是人的思维器官，因此把人的思想和感情等说成"心"。《诗·小雅·巧言》中有："他人有心，予忖度之。"《孟子·告子上》记载："心之官则思。"可见，作为人的生理器官，心其实和人的思维活动是紧密联系的。那么，什么是和谐呢？《诗·商颂·那》："既和且平，依我磬声。"《左传·襄公》："八年之中，九合诸侯，如乐之和，无所不谐。"《礼记·乐记》："其声和以柔。"可见，和谐指系统内各要素秩序井然、顺和流畅，没有抵触冲突和格斗纷争。心灵和谐，就是指人与自身的和谐，人自身的思维、情感与人的价值观念的和谐。在人类社会这个大的系统中，作为社会主体的具有独立特质的人在同外界交往过程中，与物质世界形成了矛盾关系，通常被认为是人与自然、社会和他人以及自身之间的关系，在这动态的关系过程中，人的心智得到了一定的磨炼，形成了具有独立人格的人。这为网络时代高校思想政治教育内容结构的优化又打开了一个思路。

心灵和谐，从个体来说，就是人的内在思想中，各种价值观念形成了彼此融合而无分裂的有机统一体；从社会系统的整体来说，指在社会制度的框架内，人能找到心灵的栖息之地，兼容他人与社会，在多元的价值取向中有效地调整自己的价值观，明确正确的选择，并且充满信心，超越世俗羁绊，协调发展，服务社会。人生最美妙的事情莫过于在精神中对现实生活美好渴望的追求，即个人意识的升华，内心世界的和谐是唯一可能进行更长久控制的途径。内心和谐是人拥有的一种特殊的能使人静心和自由的品质；内心和谐是人拥有的一种健全的能使人心理品质完善、知荣明辱的智慧，这种智慧品质教会人自在地生活，实现人与自然、社会的浑然一体，真正实现从"必然王国"走向"自由王国"。和谐的人是全面发展的人，是一种灵性的安宁。在多元的人生道路选择面前能够毫不犹豫地走向正确之路，且充满信心，是心灵和谐的体现。理念决定人的态度和行为，心灵和谐的人，能以一种乐观、欣赏和创造的人生态度来经营人生、运作事业、服务社会。高校思想政治教育工作者应该有这样一份意识：在构建社会主义和谐社会的过程中，心灵和谐对协调人与自然、人与社会、人与人之间的关系具有重要作用。面对当前价值的多样化、利益的多重化与崇尚财富的心理、文化的多元化与文化的不自觉等表现，只有通过求真、求善、求美、求实，充实现实的人，实现人的意识变革，才是培育心灵和谐的新路径。

（二）借鉴外国思想道德成果，赋予其中华民族的文化底蕴，优化教育内容结构

通过资料调查与研究可以发现，目前国外已有的研究文献中并没有明确提出"思想政治教育"这一词，但是有很多相关的概念研究，如"道德教育""公民教育""精神教育""宗教教育"等。由此可见，国外的教育学者主要是采取上述几种教育形式来对学生的思想政治状态进行正确的教育与引导的。作为在当今社会普遍存在的教育活动，思想政治教育有着极为重要的意义。从国外的教学实践当中我们能汲取很多有价值的教学信息，将其应用到我国高校思想政治教育工作当中。例如，古希腊学者认为，人类的思想品德主要由四个要素组成，分别是勇敢、正义、智慧和节制，在此构想的基础上，科尔伯格（Kohlberg）、皮亚杰（Piaget）又提出了道德发展理论，这些都对我国高校思想政治教育活

动的顺利开展起到了重要的推动作用，值得教育者在今后的教育工作中加以借鉴和利用。

目前国外很多国家都将爱国教育、精神教育、法治教育和价值观教育等作为对大学生进行思想政治教育的主要内容。在新加坡，小学教育阶段就设有"公民课"这一课程，体现了新加坡教育者从小就开始重视思想政治教育工作，致力于培养学生的公民意识。为了促进思想政治教育事业的发展，新加坡政府还出台了《共同价值观白皮书》，明确提出了能够被各民族人民共同接受的价值观理念。当代社会，新媒体技术快速发展，国外的思想政治领域也发生了一系列重要变革并取得了丰硕的成果，成为人类共同拥有的精神财富。在此背景下，我国高校在建构思想政治教育内容结构时应始终坚持开放性的原则，面向全世界，汲取优秀的思想道德教育经验，结合中国实情开展相应的教学活动，提高高校的教学质量水平。

四、技术层面：加强媒体素养教育，发挥高校思想政治教育内容结构的正能量

优化网络时代高校思想政治教育的内容结构，需要不断更新思想政治教育内容，实现内容结构的升级。时代的发展，社会的进步，技术水平的提高，意味着反映社会发展和人的发展需要的高校思想政治教育的内容也要不断发展和创新。

马歇尔·麦克卢汉（Marshall Mcluhan）在《理解媒介》一书中提出：媒介文化已经把传播和文化凝聚成一个动力学的过程，将每一个人都裹挟其中。[1] 新媒体以其强大的辐射力影响着人们的生存方式，对现代文化的塑造和人们价值观念的形成起到了不可估量的作用。大学生作为网民中数量最庞大的群体，由于其知识结构不完善、心理发展水平出现偏差以及阅读能力、社会阅历、情感特征的局限等诸多因素，导致他

---

① 马歇尔·麦克卢汉. 理解媒介——论人的延伸［M］. 何道宽，译. 北京：商务印书馆，2000.

们缺乏辨别网络信息真伪的能力，无法准确地解读网上信息，从而容易受到负面信息的误导。生活在新媒体文化所制造的景观之中，我们必须学会生存，注重在思想政治教育进程中持续不断地倡导新媒体素养教育，使媒体素养观念和意识入脑入心，这是网络时代推进高校思想政治教育提质增效的一项重要战略举措。

媒体素养教育，就是指导受教育者正确理解传媒及其信息，建设性地享用媒体传播资源，培养他们具有健康的媒介解读和批判能力，使其能够在多元的媒体环境中，充分合理利用媒体资源完善自我、参与社会发展。因此，媒体素养不仅是一种知识体系，而且是一种技能、一种思维方法，是现代公民必备的基本素质。在内容结构上，积极整合资源，在当代大学生中实施媒体素养教育，努力提升当代大学生的媒体素养及面对媒体尤其是新媒体的各种信息时的理解能力、选择能力、评价能力、表达能力、创造能力以及批判和鉴别能力。在网络时代，信息传播十分迅速、方便，但同时对广大网民和手机用户的理性思维能力和知识结构提出了更高的要求。在高校思想政治教育内容结构中融入媒体素养教育，将有助于提升大学生对纷繁复杂的网络信息的准确理解、正确选择、合理评价的能力。通过对大学生进行新媒体道德规范教育，引导他们在遵纪守法、符合道德规范的要求下使用新媒体，增强其法纪观念，提高其道德素质，努力培养他们成为一定范围内有创新性的"舆论引导者"和正面信息的传播者，从而逐步形成线上和线下思想道德文明建设的合力和良性循环机制。

第四节　思想政治教育教学内容优化与创新的路径选择

高校思想政治课程承担着对当代大学生进行系统的马克思主义理论教育的任务，是培养、提高大学生思想政治素质和理论修养的主阵地和主渠道。针对现实中高校思想政治课教育存在的问题，激活学生学习思想政治课的内在需要，提高学生学习的积极性和主动性，增强思想政治课的针对性和有效性，整合与优化现行的思想政治课教学内容，无疑可以发挥重要作用，这也是摆在广大高校思想政治课教师面前的不容回避的重大课题。

一、引入时效性强的内容

社会主义核心价值观是网络时代大学生思想政治教育内容结构优化与创新必须坚持和遵循的。党的十八大报告明确指出："倡导富强、民主、文明、和谐，倡导自由、平等、公正、法治，倡导爱国、敬业、诚信、友善，积极培育和践行社会主义核心价值观。"党的十九大报告把"坚持社会主义核心价值体系"作为新时代坚持和发展中国特色社会主义的基本方针之一，提出必须坚持马克思主义，牢固树立共产主义远大理想和中国特色社会主义共同理想，培育和践行社会主义核心价值观，不断增强意识形态领域主导权和话语权，推动中华优秀传统文化创造性转化、创新性发展，继承革命文化，发展社会主义先进文化，不忘本来、吸收外来、面向未来，更好构筑中国精神、中国价值、中国力量，为人民提供精神指引。党的二十大报告提出要"广泛践行社会主义核心价值观。社会主义核心价值观是凝聚人心、汇聚民力的强大力量。弘扬以伟大建党精神为源头的中国共产党人精神谱系，用好红色资源，深入开展社会主义核心价值观宣传教育，深化爱国主义、集体主义、社会主义教育，着力培养担当民族复兴大任的时代新人。推动理想信念教育常态化制度化，持续抓好党史、新中国史、改革开放史、社会主义发展史宣传教育，引导人民知史爱党、知史爱国，不断坚定中国特色社会主义共同理想。用社会主义核心价值观铸魂育人，完善思想政治工作体系，推进大中小学思想政治教育一体化建设。坚持依法治国和以德治国相结合，把社会主义核心价值观融入法治建设、融入社会发展、融入日常生活"。

在社会主义核心价值观的引领下引入时效性强的内容，合理开发多层次的内容，使思想政治教育议题内容紧跟时代发展的步伐，反映大学生的心声，契合他们的身心发展特点，把时效性、新闻性与传统思想政治教育内容充分融合，以独特新颖的方式吸引大学生主动接触思想政治教育内容。同时，也要利用新媒体的信息传播优势将国家大事、百姓难事、感人故事、现实生活中的榜样典型引入思想政治教育内容，这些都是思想政治教育的好素材，为大学生的思想道德培养备足了资源。①

二、政治性内容与生活性内容相协调

大学生思想政治教育内容非常庞大，政治教育是其中必不可少的组成部分，但是这并不意味着政治教育就是思想政治教育的全部内容。政治教育在思想政治教育内容结构中处于主导地位，起着重大的支配作用。以政治教育为主导，就必须始终以理想信念教育为思想政治教育的核心内容。在网络时代，基于新媒体的虚拟性和开放性，西方发达资本主义国家利用各种传播渠道进行意识形态渗透，国际国内环境越来越复杂，这对于信息辨别能力不强、心智不成熟的大学生来讲，存在诸多问题。这就要求大学生通过思想政治教育解决好这一现实性的问题。前文提到过，我国大学生思想政治教育工作面临的主要任务是，加强爱国主义、集体主义和社会主义教育，帮助学生树立正确的世界观、人生观、价值观、政治观，增强国家归属感和社会责任感；在对待走什么道路、依靠谁来领导、坚持什么样的指导思想等诸多政治问题上，真正"讲政治"，真正坚持党的基本理论、路线、纲领和原则。这是大学生思想政治教育在政治教育部分的重点，必须切实将其现实化。思想政治教育内容结构的优化也必须高度重视思想政治教育的细节性问题，对"该教什么"和"如何教"这些基本问题有清晰的认识，并且能够活化在具体的实践中。就"该教什么"这一问题，大学生思想政治教育要培养大学生扎实的理论功底、高远的政治视野以及敏锐的政治观察能力，以此培养大学生的民族自信心和爱国情怀。同时也要让大学生感受到实现中华民族伟大复兴中国梦并不是空想，在坚持中国共产党的正确领导下，在全

---

① 洪涛. 新媒体时代议程设置嵌入高校网络思想政治教育研究［M］. 北京：光明日报出版社，2016：98.

国各族人民的共同努力下，坚定不移地走中国特色社会主义道路，这个梦想一定会成为现实。

大学生思想政治教育只有坚持以政治教育为主导，确保政治性内容与生活性内容的协调发展，才能实现思想政治教育内容结构优化。政治性内容具有权威和刚性的特点，如果没有生活性内容的丰富，政治性内容会变得单调和乏味，当然也就无法受到大学生的关注，更不用说其教育作用的发挥。事实上，最理想的优化思路应该是既不脱离现实生活资源的根基，又能保证引导方向的正确，在教育内容内部体系中实现协调。

因此，网络时代大学生思想政治教育内容结构的优化不能流于形式，必须以扎实有效的政治教育为核心，在显性教育和隐性教育的双重作用下，让大学生在实际生活中逐步认识社会发展规律，认识到自己的成长与国家发展和民族振兴之间息息相关。这是思想政治教育内容结构优化中最关键的环节，也是大学生思想政治教育获得长足发展不可逾越的步骤。对大学生而言，政治性内容和生活性内容的融合有助于满足他们的现实诉求，也拉近了他们与思想政治教育的距离。政治性内容与生活性内容的融合，具有必然的内在逻辑。思想政治教育具体突出的先进性，富有浓郁的政治色彩，在内容结构优化时突出政治性内容，这是由其本身的属性所决定的。但是最合理的方式应该是把政治性内容的教育纳入社会发展进程和人的全面自由发展的进程中，使政治性内容与生活性内容相融合，从而实现宏观教育内容与微观教育内容的融合。这是时代进步的要求，也是社会发展的必然趋势。在网络时代，思想政治教育既要注重思想政治道德素质的培养，更要注重健全的心理人格素质的提升。大学生思想政治教育内容结构的优化与创新要力图打破传统思想政治教育固有的单一政治功能，拓宽思想政治教育内容的视野，不仅要有政治的眼光，还要有思想的智慧、教育的情怀、艺术的方法和文化的品位，除了进行马克思主义理论教育、理想信念教育以及世界观、人生观、价值观教育，爱国主义、集体主义和社会主义教育，还要将人文精神、竞争理念等纳入思想政治教育内容中。

三、根植中国特色社会主义建设实践

高校思想政治课教学内容的优化与创新要直面大学生思想困惑，必须从中国特色社会主义建设实践中吸收新鲜的素材和总结成功的经验，理论与实践相结合，不断丰富完善高校思想政治课理论体系。理论只要说服人，就能掌握群众；而理论只要彻底，就能说服人。所谓彻底，就是抓住事物的根本。

（一）中国特色社会主义建设实践不断证实着高校思想政治课教学内容的科学性

目前，我们在经济、政治、文化、社会、生态文明建设等方面取得了举世瞩目的成就，充分体现了高校思想政治课教学内容的科学性。人们的认识不是头脑里面固有的，也不是凭空臆想出来的，而是从实践中产生的。实践是认识的来源，是认识发展的动力，是认识的目的，是检验真理的唯一标准。同时说明从梦想到现实的过程不是简单的跳跃，而是要经过实践、认识、再实践、再认识的循环往复的发展过程，梦想才能变为现实；只有通过一系列的梦想变为现实，"两个一百年"奋斗目标才能实现，中华民族伟大复兴中国梦才能实现。

（二）习近平新时代中国特色社会主义建设实践不断体现着高校思想政治课教学内容的开放性

中国特色社会主义建设实践所取得的伟大成就离不开中国共产党全面领导地位的确立、离不开坚持以人民为中心的初心和使命、离不开实事求是思想路线的遵循等，这些伟大的经验不断丰富和发展着高校思想政治课理论体系，同时又以新的经验指导新的实践。高校思想政治课教学内容要从中国特色社会主义建设实践中吸收鲜活的素材，从"中国核潜艇之父"黄旭华院士"对国家的忠就是对父母最大的孝"等道德模范的典型案例中提炼爱岗敬业、家国情怀，从"要用稚嫩的肩膀扛起倾覆的教室"的大学生杰出代表徐本禹的多次远赴贵州支教活动中提炼当代青年的梦想、责任与担当……一个个鲜活的人物，一段段感人的事迹，汇成了高校思想政治课教学内容永葆活力的理论之源。

（三）习近平新时代中国特色社会主义建设实践不断要求高校思想政治课教学内容具有前瞻性

依托高校思想政治课教学内容所体现的马克思主义世界观、方法论，对于激励大学生敢于有梦、勇于追梦、勤于圆梦具有非常重要的引领作用。引领大学生爱国励志、求真力行，引领大学生报效祖国、服务人民，引领大学生勤学修德、明辨笃实，引领大学生明大德、守公德、严私德，引领大学生尊法、学法、守法、用法，努力成长为新时代中国特色社会主义事业的建设者和接班人，在为人民利益的不懈奋斗中书写人生华章，在实现中国梦的生动实践中放飞青春梦想。同时，引领大学生辩证分析社会现实和人生境遇，既不吹上天也不贬入地，既不妄自菲薄也不妄自尊大，对自己、对他人、对社会做出客观公正的评价，正确对待国家、对待社会、对待他人、对待自己；帮助大学生正确处理理想与现实、个人与集体、竞争与合作、权利与义务、自由与纪律、友谊与爱情等现实问题，为其成长为"担当民族复兴大任的时代新人"奠定坚实的理论基础。

四、与习近平新时代中国特色社会主义思想有机融合

要实现网络时代高校思想政治课教学内容的优化创新与习近平新时代中国特色社会主义思想有机融合，既要解决好"融什么"的问题，又要解决好"如何融"的问题。

（一）"融什么"

要把中国特色社会主义进入新时代、习近平新时代中国特色社会主义思想的主要内容和历史地位等融入高校思想政治课教学内容之中。一要把中国特色社会主义进入新时代这一历史方位融入高校思想政治课教学内容，讲清楚党的十八大以来我国所取得的历史性成就和所发生的历

史性变革，讲清楚新时代我国社会主要矛盾的变化，讲清楚新时代的内涵和意义。二要把习近平新时代中国特色社会主义思想的主要内容融入高校思想政治课教学内容，紧密围绕"坚持和发展什么样的中国特色社会主义、怎样坚持和发展中国特色社会主义"的时代课题，讲清楚习近平新时代中国特色社会主义思想"八个明确"的核心要义和丰富内涵；讲清楚习近平新时代中国特色社会主义思想"十四个坚持"的基本方略；讲清楚"八个明确"与"十四个坚持"之间的辩证关系；讲清楚习近平新时代中国特色社会主义思想深刻体现了以人民为中心的马克思主义群众观、实践检验标准的马克思主义真理观、理论与实际相结合的马克思主义方法论。三要把习近平新时代中国特色社会主义思想的历史地位融入高校思想政治课教学内容，讲清楚习近平新时代中国特色社会主义思想是马克思主义中国化的最新理论成果，是新时代的精神旗帜，是实现中华民族伟大复兴的行动指南，对于牢固树立"四个意识"、坚定"四个自信"、夺取新时代中国特色社会主义伟大胜利具有重要的理论和现实意义。

（二）"如何融"

高校思想政治课教学内容要通过理论认同、思想认同、价值认同、情感认同来解决"如何融"的实践路径问题。

一是理论认同。组织大学生认真学习马克思主义理论和中国化马克思主义理论最新成果，尤其是认真学习习近平新时代中国特色社会主义思想的科学内涵和基本方略，用科学理论武装头脑，用科学理论指引方向，使大学生坚定马克思主义科学信仰，树立中国特色社会主义共同理想，确立共产主义远大理想。

二是思想认同。组织大学生通过理论学习和社会实践，坚定对中国共产党的信任，坚定中国特色社会主义"四个自信"，坚定实现中华民族伟大复兴中国梦的信心，增强大学生的向心力、凝聚力、战斗力。

三是价值认同。充分尊重大学生主体地位，把服务与成才紧密结合，让大学生有更多获得感，促使大学生把"青春梦"与"中国梦"有机结合起来，在报效祖国、服务人民的实践中实现全面发展；激励大学生在实现中国梦的生动实践中放飞青春梦想，在为人民利益的不懈奋斗中书写人生华章。

四是情感认同。组织大学生积极投身于我们伟大的时代和实践，让大学生发自内心地感受和认同习近平新时代中国特色社会主义思想的伟大魅力，让大学生自觉在思想上、政治上、行动上同党中央保持高度一致，进行伟大斗争，建设伟大工程，推进伟大事业，实现伟大梦想。

通过网络时代高校思想政治课教学内容创新与实践，坚持用习近平新时代中国特色社会主义思想武装大学生头脑，指引大学生矢志不渝听党话、坚定不移跟党走，服从服务于中国特色社会主义伟大实践和中华民族伟大复兴中国梦的实现，为全面建成小康社会、实现新时代中国特色社会主义伟大胜利不懈奋斗。

五、科学性内容与人文性内容和谐统一

网络时代高校思想政治教育内容结构的优化与创新并不是单纯的知识上的调整和完善，它需要深入贯彻马克思主义人学理论的本质和核心，即人的自由全面发展。这就要求高校思想政治教育内容结构优化与创新要重视人文精神的培育，确保科学性内容与人文性内容的和谐统一。科学性内容与人文性内容的和谐搭配，有助于大学生人文素质的培育，为大学生思想道德水平的提升营造了浓厚的文化氛围。在网络时代，大学生逐渐被海量的信息所包围，尤其是"碎片化"信息的大量呈现将大学生带入了一个无所不包的信息世界，大学生被各种"奇""新""异"的新鲜事物所吸引，长此以往人文精神被淡化，这就迫切要求高校思想政治教育正视这一现实性问题，通过采取有效措施来解决这些问题。

思想政治教育内容结构优化与创新不可忽视科学性知识的增加和平衡。科学是反映自然、社会和思维的内在联系的认知体系，是人类实践的结果。科学知识、科学思想、科学方法和科学精神相互联系，构成了

观念意义上的科学整体，其中，科学知识是基础，科学思想和科学精神是灵魂，科学方法是实现科学思想、弘扬科学精神的基本途径。在大学生思想政治教育内容结构优化与创新的过程中，科学知识、科学思想、科学方法和科学精神的教育只能加强，不能懈怠。在网络技术飞速发展的今天，大学生一定要能够透过纷繁复杂的表面现象看到问题的本质，而不至于被各种亮丽的外表所迷惑。这是大学生提升认识世界能力的基础，同时也为大学生发挥主观能动性改造世界奠定了坚实的基础。思想政治教育科学性内容的安排，就是为了最大限度地调动人们的积极性、创造性，协调人们之间的关系，以提高人们认识世界和改造世界的能力。因此，思想政治教育内容结构的优化与创新必须切实坚持以人为本的原则，增强人的主体意识，鼓励大学生积极参与思想政治教育过程。当然，科学性内容的设置要做到贴近现实、贴近生活、贴近大学生、贴近校园，逐步提升大学生思想政治教育的针对性和实效性，从而发挥思想政治教育强大的号召力、感染力和吸引力。①

思想政治教育内容结构优化与创新在重视科学性内容教育的同时，也要注重人文性内容的教育。人文性内容的思想政治教育，一方面，可以有效地积淀大学生深厚的文化底蕴，净化大学生的思想情感世界；另一方面，有利于大学生人文素质的培养，使大学生综合素质的强化成为现实，同时拓宽了思想政治教育的视野，丰富了它的内涵，有助于使思想、道德、文化、审美、心理教育融为一体。人文性内容的教育，主要进行文、史、哲、艺等人文知识的教育和人文精神教育，引导受教育者如何做人，包括如何处理人与自然、人与社会、人与人的关系以及自身的理性、情感、意志等方面的问题，激发人们的爱国主义情怀、集体主义精神和社会责任感，从而形成崇高的思想品德、正确的价值观念和积极向上的人格精神。为此，在大学生思想政治教育内容结构优化与创新的过程中，要坚持以人文精神培育为重点，使科学性内容的教育与人文性内容的教育实现和谐搭配。

---

① 李霓. 新媒体时代大学生思想政治教育挑战与创新［M］. 天津：天津科学技术出版社，2018：97.

第三章　高校思想政治教育教学资源的整合与创新

网络时代，要想推动高校思想政治教育工作更好地开展，就要重视教学资源的整合与创新，充分借助大数据优势，不断收集、整理有利于高校思想政治教育的资源，从而优化思想政治教育形式与内容，增强思想政治教育的效果。

第一节　思想政治教育信息化教学资源的内涵与特征

资源信息化是这个时代的特征，信息化是指将媒体资源转化为数据形式而存在。思想政治课教学资源信息化是符合时代特征的一种选择，通过信息化可以帮助教学资源更好地传播，还可以促进思想政治教育的进一步发展。

一、教学资源与信息化教学资源

资源是一切可被人类开发和利用的物质、能量和信息的总称。教学资源是学校在教学过程中支持教和学的所有资源，即一切可以被师生开发利用的、在教学中使用的物质、能量和信息，包括学习材料、媒体设备、教学环境以及人力资源等，具体表现为教科书、练习册，也包括实验和课堂演示时使用的实物，还包括录像、教室、网站、电子邮件、在线学习管理系统、计算机模拟软件、BBS、网络教室、电教室、教师、辅导员等大量可以利用的资源。教学资源的分类如表3－1所示。

表3-1　教学资源的分类

类型	教学资源
人员	教师、辅导人员、行政管理者
资料	课本、视频、音频、计算机课件、网络课程
设备	黑板、直观教具、实验仪器、视听装置、现代教学媒体
环境	教学楼、图书馆、机房、操场、实习场所

信息化教学资源是指以信息技术为支撑的教学资源，属于信息资源的范畴。信息资源是反映客观事物的各种信息和知识的总称，它不仅包括人类经济社会活动中积累的信息，也包括信息生产者、信息技术、信息设施等信息活动要素。因此，广义的信息化教学资源应当包括支持、促进信息化教学的物质、信息、人力等所有因素和条件。除了人员、资料、设备、物化环境，还包括教学平台、教学系统等工具资源。本书将设备、环境等物化资源统称为教学设施资源，将承载知识信息的视频、课件、网络课程等信息化教学资料统称为教学信息资源。故信息化教学资源可分为人力资源、信息资源、工具资源与设施资源四大类。而狭义的信息化教学资源是指在教与学的过程中使用的各种硬件媒体以及承载信息的各种软件媒体，是信息技术环境下的各种数字化素材、多媒体课件、数字化教学材料、网络课程以及各种认知、情感和交流工具，即本书中所述的信息资源与工具资源。

信息化教学资源具有以下特点。

(一) 数字化

数字化是计算机数据处理和网络传播的本质特性。当今世界，各行各业的信息处理均趋向数字化，由计算机和计算机网络构成的信息处理系统和信息传输系统已得到普及，人们也已习惯以数字化方式进行信息处理、加工、传输等。正如构成物质世界的基本单元是原子，计算机处理的数据是以0和1两种状态存在的比特，构成信息化教学资源的基本单元也是以0和1两种状态存在的比特，通过其不同形式的组合进行信息化教学资源的存储、处理与传输。

（二）开放性

网络教学资源打破了传统的时空限制，对于公开的信息，凡是能够使用互联网的用户均能够共享这一资源，不受副本数量的限制。同时，网络还提供了大量的免费检索工具、下载软件，并开发了大量免费的资源库供用户使用。

（三）扩展性

信息化教学资源具有较高的扩展性，学习者除了可以对现有资源进行检索与选择，还可以在现有资源的基础上进行扩展和精加工，以满足学习者不同的学习需求。另外，信息化教学资源可以在学习者的积极参与下，通过信息技术实现再加工、再创造。

（四）非线性

传统的教学信息，其组织结构是线性的、有顺序的。而人的思维、记忆却呈网状结构，可通过联想选择不同的路径来加工信息。信息技术的发展，尤其是 Web2.0 时代的到来，为教学资源的非线性组织创造了条件，也为学习者提供了更多更自由的选择。

（五）智能化

近年来，智能手机、iPad 等智能设备得到广泛推广并逐渐在教育中得到应用，而自适应、智能化教学系统等也成为研究热点。学习者可通过多种方式自主地进行学习、复习、模拟实验、自我测试等，并能够通过实时的反馈实现交互，从而为探究性学习创设条件。

二、高校思想政治教育信息化教学资源的内涵

信息化教学资源是随着计算机信息技术的发展而产生的，其将传统教学资源通过信息化技术转化为数字形式，通过互联网可以利用这些教学资源。高校思想政治教学资源信息化就是将原本的教学资源数字化，方便教育者开展教育，同时有助于学生搜索资料进行学习。信息化教学资源可以方便快捷地满足人们的信息需求。

信息化教学资源的建设包括两个方面，即开发和利用。信息化教学资源的开发是指通过信息处理技术和互联网技术建立信息资源库，对大量教学信息进行数字化管理，使人们可以通过网络进行检索和下载。信息化教学资源的利用是指对信息化教育资源进行分类、整理和加工等，按照不同分类进行导航数据库的建设，帮助人们更为快捷地进行信息搜索。高校思想政治教育信息化教学资源的开发与利用是建设和完善高校思想政治课网络信息资源的重要环节，也是进一步进行思想政治课信息化教学的保障。

三、高校思想政治教育信息化教学资源的特征

（一）数量大，种类多

现代信息技术集成度高，系统结构柔性大，处理方式严密，这就使得互联网信息资源具有数量巨大的特征。高校思想政治教育信息化教学资源有多种形式，如文字、图片、音频、视频等，随着互联网信息技术的不断发展，对于信息的表达方式也越来越多样。

（二）形式多样，分布广泛

海量的信息资源存储在互联网中，由于互联网的特征，这些信息资源的分布十分广泛，因此高校思想政治教育信息化教学资源呈现出形式多样、分布广泛的特征。同时，互联网具有超文本链接方式与强大的检索功能，这使信息资源之间存在很强的关联性，这种关联性可以帮助学生更好地利用信息资源，这也是其相对于传统信息检索更方便的一个地方。

（三）动态发展，信息更新速度快

互联网媒体具有信息及时性的显著特点，信息资源的发布和传递始终处于动态，相较传统的信息传递更为快捷、灵活。高校思想政治教育信息化教学资源可以进行实时更新，在相关网站发布最新动态，使教育者和学生可以第一时间掌握最新的教学资源。高校思想政治教育信息化

教学资源可以通过互联网进行及时、快速的传播，打破了传统教学资源的传播方式，大大提高了信息资源的更新和传播速度。

（四）传播范围广，具有交互性

互联网信息资源通过多媒体进行传播，超越了传统的信息组织方式，多媒体帮助信息化资源通过语言、非语言两种符号进行媒介间的传递。多媒体信息的传播方式使信息传播范围更广，同时丰富多样的传播方式为人们带来了全新的感官体验。多媒体具有很强的互动性，这使通过多媒体进行传播的信息化资源具有交互性。高校思想政治教育信息化教学资源在传播范围上远远超过其传统教学资源，不用担心教学资源因数量限制而无法供更多人阅读；多样化的感官体验带给人们不同以往的交互体验。

（五）整体性与系统性

高校思想政治教育信息化教学资源体系虽然丰富且形式多样，但仍是一个有序的整体，具有系统性。这种整体性和系统性主要体现在高校思想政治教育信息化教学资源要想发挥实效，除了要实现共享，尤其重要的一点是还需要资源的合理配置及整合。充分利用高校思想政治教育信息化教学资源，要合理搭配人力、物力、财力，建立长效、立体机制，优化网络思想政治教育队伍、载体、内容资源和网络功能应用之间的组合。任何具体的高校思想政治教育信息化教学资源都不是单独存在的，在开发利用时必须充分考虑到高校思想政治教育信息化教学资源的整体性和系统性，才能发挥其最大效用。

第二节 思想政治教育教学资源整合与创新的路径选择

高校思想政治工作要坚持把立德树人作为中心环节，把思想政治工作贯穿教育教学全过程，实现全程育人、全方位育人，努力开创我国高等教育事业发展新局面。这对高校"大思想政治"育人格局提出了很高的要求。教育部党组于 2017 年 12 月印发了《高校思想政治工作质量提升工程实施纲要》，将"大思想政治"格局进一步扩展为"十大"育人体系，提出充分发挥"课程、科研、实践、文化、网络、心理、管理、服务、资助、组织等方面工作的育人功能，挖掘育人要素，完善育人机制，优化评价激励，强化实施保障，切实构建'十大'育人体系"。在此"大思想政治"背景下，有效地整合与创新高校思想政治教育资源，能够大力提升高校思想政治教育的工作质量，有助于形成全员、全过程、全方位育人格局。

一、转变思想观念，科学定位资源整合

网络时代，高校思想政治教育的环境发生了重大变化，思想政治教育资源整合必须首先从转变思想观念入手，树立整体、全面、开放、效益、发展的新思想政治教育资源观。为此，需要树立"四个资源观"。

（一）树立思想政治教育资源辩证观

树立高校思想政治教育资源辩证观，需要正确处理三个重要的资源矛盾关系：一是思想政治教育资源的有限性与无限性问题。思想政治教育的人力资源、财力资源、物力资源、组织资源等就其物质性而言是有限的，但新媒体所提供的思想政治教育资源以及教育工作者利用资源的潜能是无限的。二是思想政治教育资源的有用性与有害性问题。新媒体所提供的资源海量鱼龙混杂，既可以成为思想政治教育的有利资源，也可能对大学生造成不良的影响。三是思想政治教育资源量与质的问题。量与质的辩证关系要求我们在不断丰富高校思想政治教育资源的同时，也要不断提高资源的"质"，提升资源的利用率。①

（二）树立思想政治教育资源层次观

高校思想政治教育资源是可以从纵横双向划分的矩阵系统。从横向

---

① 曾玉真. 高校思想政治理论课实践教学资源优化整合路径探析 [J]. 湖北经济学院学报：人文社会科学版，2022，19（1）：143－145.

来划分，思想政治教育资源可以分为人力资源、财物资源、信息资源、组织资源、制度资源和文化资源等。就文化资源而言，又可从纵向划分为传统文化资源、国外文化资源与网络文化资源等。思想政治教育资源的层次观要求我们对各个层次的资源进行有效整合，让思想政治教育贴近大学生生活实际，改变过去对思想政治教育资源不客观、不现实、理想化过重的观念以及人为拔高的情况。

（三）树立思想政治教育资源整体观

网络时代高校思想政治教育资源是丰富多彩的，融传统与现代、虚拟与现实、国内与国外、整体与部分为一体。一般来说，教育者在思想政治教育中直接碰到和运用的总是个别而具体的资源形态。然而，无论哪种资源形态都不是孤立存在的，而是同其他与之相关的资源形态结合在一起。这就是资源的整体性质。要提高思想政治教育资源的利用效益，就必须树立对教育资源的整体观，协调好思想政治教育工作者队伍内部以及思想政治教育工作者和非思想政治教育工作者之间的关系，既要看到具体的思想政治教育资源的特性，又要看到相关的各种资源的整体优势，避免资源的重复建设与浪费。

（四）树立思想政治教育资源发展观

网络时代，高校思想政治教育资源是同新媒体的发展和人的发展需要以及教育者的开发能力联系在一起的，因此便具有了历史性质，不仅其品类、数量、规模在不断变化，其功能也在不断发展。思想政治教育是精神文明建设的重要组成部分，客观上应与物质文明和政治文明同步发展。高校思想政治教育工作者应坚持资源化建设导向，主动充实网络思想政治教育资源；要善于将各类信息加以系统分类整理，变信息资源为网络思想政治教育资源。

二、发挥中华优秀传统文化的基础教育作用

中华优秀传统文化是中国特色社会主义文化的源头活水。我们要加强对中华优秀传统文化的挖掘和阐发，使中华民族最基本的文化基因与

当代文化相适应、与现代社会相协调，把跨越时空、超越国界、富有永恒魅力、具有当代价值的义化精神弘扬起来。综上所述，在整合高校思想政治教育文化资源的过程中，要充分发挥中华优秀传统文化的基础教育作用，通过多种有效途径带动大学生对中华优秀传统文化建立深刻认识，进而产生情感共鸣，最终形成继承、弘扬中华优秀传统文化的自觉意识。

（一）建立中华优秀传统文化课程体系

高校思想政治理论课是高校思想政治教育的主阵地，也是中华优秀传统文化教育在高校开展的重要渠道。在该类课堂中，教师应在课本原有内容的基础上，积极增加中华优秀传统文化相关内容，将传统文化教育与课程教育完美融合，丰富传统文化教学内容。除了理论讲授，也要将中华优秀传统文化融入实践教学环节。在高校各门专业课中，教师也要积极寻找本专业内容与中华优秀传统文化可紧密结合之关键点，指导学生将中华优秀传统文化与专业知识相结合，在未来的职业道路上继承、弘扬中华民族的优秀传统文化。另外，高校可开设与中华优秀传统文化相关的公选课，定期举办专题讲座，为学生了解、学习中华优秀传统文化提供更多的途径。

（二）建立校外实践教育基地

高校应适当选择周边的历史文化古迹、民间艺术发祥地、非物质文化遗产产生地、博物馆、艺术馆等，将其建设成中华优秀传统文化的校外实践教育基地。高校可以利用思想政治课实践教学、暑期社会实践、校外活动等途径，为学生尽可能多地提供与中华优秀传统文化亲密接触的机会，使其通过耳濡目染深刻感知中华优秀传统文化的魅力，从而激发其对民族文化的热爱之情。

（三）建立中华优秀传统文化学习交流展示平台

鼓励学生建立与中华优秀传统文化相关的社团，鼓励生活艺术才能和传统技能的优秀学生代表在社团中发挥影响力和号召作用，吸引更多的学生投入传统艺术和技艺的学习中。学校、学院定期举办与中华优秀传统文化相关的艺术展示活动、文艺演出活动、技艺竞赛活动，激发学生的学习热情和动力，在学校中营造良好的文化氛围，使每位大学生都成长为中华优秀传统文化的坚定继承者和积极践行者。

三、注重社会主义先进文化的示范教育作用

社会主义先进文化始终坚持弘扬社会正气和正能量，是中国特色社会主义建设的强大精神动力。以爱国主义为核心的民族精神和以改革创新为核心的时代精神便是社会主义先进文化的生动展现。社会主义核心价值观生成与中国特色社会主义建设实践同当今中国最鲜明的时代主题相适应，是当代中国精神的集中体现，是中国特色社会主义本质规定的价值表达。引导大学生培育和践行社会主义核心价值观是高校思想政治教育工作的重中之重。

第一，将中国精神教育和社会主义核心价值观教育贯穿高校教育教学全过程。中国精神和社会主义核心价值观相关内容本就是高校思想政治教育课程的重要构成部分，高校应充分利用思想政治课这一重要平台，深入挖掘这些文化资源的深刻内涵和教育价值，提高思想政治类课程的教学效果。同时，高校应在资源整合的基础上，将社会主义先进文化教育贯穿于高等教育全过程，贯穿于专业课、实践类课程以及日常的思想品德教育中，使其走进学生的生活，内化于学生的心中，外化于学生的行动。

第二，发挥先进榜样的模范带头作用。在高校中寻找中国精神和社会主义核心价值观的积极践行者，深入挖掘他们的优秀事迹，为大学生树立榜样，使其在榜样示范作用的带动下，在榜样精神的引领下，进一步坚定崇德向善的决心，深入领会社会主义先进文化的崇高力量，自觉培育和践行社会主义核心价值观。

第三，以社会主义先进文化为依托，建立高校德育园地。高校应以社会主义先进文化为指导和依托，整合校内外资源，加强部门联动，建

立校园德育园地，为社会主义先进文化的宣传和师生在修德方面的相互学习交流提供平台；为大学生进行社会主义先进文化的理论学习和实践训练提供有效指导和广阔空间。

四、发挥高校校园文化的引导教育作用

高校校园文化建设是通过开展一系列的文化活动来潜移默化地提升学生的思想境界和道德情操。可见，校园文化建设具有一定的思想政治教育功能，校园文化资源可以为高校思想政治教育的有效开展提供可靠助力。加强校园文化建设可以从以下几点着手。

第一，以社会主义核心价值观引领校园文化建设，以此为基础营造充满正能量的校园氛围，为大学生提供正确的价值导向。

第二，以自身历史发展为背景，以学科特色为参考，以未来发展目标为动力，本着既体现历史传承又结合时代特色的原则，培育大学精神。将大学精神作为高校极为宝贵的文化资源融入学生的日常生活和学习，引导学生深刻领会大学精神的含义，用大学精神灌溉自身思想、指引自身行为，激励自身不断前行、开拓创新。

第三，高校应定期在校内开展形式多样的文化活动，相关主题可以围绕弘扬中华优秀传统文化、弘扬中国革命道德等。例如：红歌合唱比赛、书法比赛、茶艺比赛、中华传统礼仪大赛等活动，活动目的是让学生在亲身实践中感受文化的力量，提升自身文化素养和道德情操，进一步坚定文化自信，提升自身的思想政治水平。

第四，积极加强校园网络文化建设，发挥网络文化的思想政治教育功能，借助新媒体的力量进一步激发学生的学习积极性和主动性。具体来说，高校可以通过建立弘扬正能量的微信公众号，制作弘扬正能量的微电影、动漫视频等网络文化产品，进一步发展校园网络文化建设。

五、坚持整合原则，规范资源整合

网络时代高校思想政治教育资源的整合是依据一定的目的和需要而

进行的信息加工活动，是涉及技术可行性、整合后的知识间的关系性以及高校教育功能、学生的满意度等多方面因素的复杂工作，所以在整合的过程中高校要制定出相关的原则、标准来对思想政治教育资源的整合过程予以约束、规范，只有这样才能充分发挥思想政治教育资源的强大功能和优势，更好地为大学生服务。归纳起来，高校思想政治教育信息资源整合原则有以下几种。

（一）开放性原则

开放性，是网络时代的重要特征。当今世界，全球化趋势日益加剧，只有致力于推进世界思想政治教育资源供应体系和需求市场的共同开放，不同思想政治教育资源才能借助于不断扩大的开放发挥互补效应。任何一个实行闭关锁国、地方保护主义政策的国家和地区都不可能在开放的时代背景中领先。要保证思想政治教育资源开发成果辈出，必须以开放的眼界，放眼整个人力资源市场。具体而言，就是要学会利用国际、国内两个资源市场，加强区域之间的思想政治教育资源整合，实现合理开发、有效使用。思想政治教育资源系统本身是一个开放的体系。它不断地同外界的其他不同系统之间发生着信息交流，实现不同地区之间资源的互补和动态交流。但同时也应当看到，新媒体技术的发展使得高校处于一个开放的信息环境之中，也使高校思想政治教育环境日趋复杂。因此，高校在构建思想政治教育环境时必须坚持社会主义的政治方向，开放高校校园媒体信息，在学生自由选择接收和发布信息的同时，学校应给予积极的、正确的引导和约束。

（二）创新性原则

创新是一个民族的灵魂和生命力所在。创新就是要突破已有的不合时宜的旧框框，建立起符合时代新需求的新方法、新体系。网络时代高校思想政治教育资源的整合也离不开创新，创新是思想政治教育资源整合应坚持的重要原则。人们总是希望能够看到新闻传媒中有新的东西出现，因为千篇一律的事物很容易让人产生审美疲劳，导致人们对校园媒体所传播的内容关注度下降，校园媒体的作用就随之减弱。因此，校园媒体思想政治教育资源在进行整合和利用的过程中，应该坚持创新的原则。

（三）系统性原则

高校思想政治教育资源整合是一项系统工程，坚持系统论基本原理，一方面，高校思想政治教育资源整合系统自身的动态平衡，是维持该系统可持续存在的基础；另一方面，各高校思想政治教育资源系统之间彼此释放的功能应互相契合，建立良性的互馈机制。在教育中，最忌讳的是各种教育因素的无系统性、不协调性所导致的各种教育影响的相互冲突，使教育的效果被抵消，甚至使被教育者产生思想混乱，导致负效应。因此，在系统整合高校思想政治教育资源的过程中，应在充分开发和利用人力资源的基础上，使优秀的高校教师掌握和采用最有效的介体资源，创造最有利的环境资源，充分利用雄厚的网络资源、文献资源，有效协调高校教育系统内部各部门、各单位之间的关系，使高校思想政治教育系统的内部各要素，目标一致、紧密配合，实现高校的各种思想政治教育资源的最佳整合，以充分发挥高校思想政治教育系统的整体功能。坚持系统性原则，最优化是系统论的一个组织原则，可以理解为选择解决某种条件下各种任务的最好方案，使之在资源整合过程中尽量高效、合理、协调。总之，保证高校思想政治教育资源整合系统的功能契合，保持系统内部的动态平衡，是网络时代高校思想政治教育资源配置环境协调发展的最基本原则，应严格遵循。

（四）实用原则

对高校思想政治教育资源进行整合与创新，最终目的是将其运用到思想政治教学过程之中，以实现教学效率和质量的优化提升，也就是利用。因此，实用原则是高校思想政治教育资源整合与创新过程中应该遵循的基本原则。实用原则强调实际效用，是在实现对资源利用最大、最优限度的基础上来满足教育发展的需求，而且高校思想政治教育教学发展的趋势是为了满足社会发展、自身发展与学生个体发展的基本需求，所以高校思想政治课教育资源的整合与创新也应该基于这一发展趋势和发展目的，确保教育资源整合与创新最终能够推动高校思想政治教育向这一发展趋势不断靠近。所以，实用原则成为高校思想政治课教育资源整合与创新所必须坚持的最为基本的原则。

（五）服务原则

以人为本不仅是当前高校思想政治教育的教育理念，更是思想政治教育教学的服务观念。因为思想政治课是以激发学生的自主学习意识、促进学生思想道德素养和全面发展为核心目标，以服务于高校教育教学水平提升和社会经济政治健康发展为最终目的。而教育资源是教学活动开展和进行的基础与前提，教育资源的整合与创新最终是为了服务于学生的个体发展、高校教育教学的发展和社会的发展，因此高校思想政治教育资源的整合与创新必须树立服务思想，切实遵循服务原则。

（六）多元化原则

随着素质教育的不断推进和社会经济的发展，社会对全面、多样化发展人才的需求越来越大，但是传统的高校思想政治教育只局限于课本教学，只注重对学生进行理论知识的灌输和讲解，并不注重学生的全面化、个性化、多样化发展，使学生的发展变得局限和单一。而思想政治教育资源的整合与创新便是为了适应社会多元化发展的趋势和不同学生差异化、多样化发展的需求，因此教育资源的整合与创新就必须从多方面、多层次、多角度出发，即坚持多元化的基本原则，从而为高校思想政治教育发展提供必要保障。

（七）可持续发展原则

可持续发展是一种遵循客观发展规律的、理想的社会发展形势，是促进我国社会主义和谐社会建设发展以及实现"中国梦"伟大战略目标的必经之路。为了实现高校思想政治教育的可持续发展，思想政治教育资源的整合与创新不能贪图短期效益和急功近利，而是要审时度势地改变可投入要素，遵循教育发展的规律和可持续发展的原则，实事求是地进行教育资源的整合与创新，为确保高校思想政治教育教学的科学、高效、健康发展打下坚实的基础。

六、加快高校网络思想政治教育载体平台资源建设与整合

（一）加强高校网络思想政治教育主平台构建

1. 加强高校网络思想政治教育网站建设

（1）高校思想政治教育主题网站建设

高校思想政治教育主题网站，常被称为校园"红网"或"德育网"（简称"主题网站"），它以大学生为主要服务对象，以中国特色社会主义理论体系为构建网络内容的理论支撑，以学生熟悉的网络软件和信息技术为手段，通过开辟学生喜闻乐见的栏目，补充现实思想政治教育手段的不足，有目的、有计划、有组织地全方位渗透马克思主义世界观、人生观、价值观，准确传达党的路线、方针、政策和政治主张，帮助学生排除干扰、辨别是非，提高政治思想素质，为实现伟大复兴中国梦而勤奋学习。主题网站是高校思想政治教育的重要载体和集中表现形式，是高校传统思想政治教育的补充和延伸，是传播红色思想的平台、提供师生交流的平台、实现信息共享的平台、引导心理健康的平台、创新思维方式的舞台。正因如此，各级教育行政主管部门和各高校均非常重视加强主题网站建设，如某省曾出台了普通高校思想政治教育主题网站建设意见，要求省域内高校建成思想政治教育主题网站和网页，着力构筑高校网络思想政治教育的重要阵地，大力推进校园网络文化建设，积极拓展大学生思想政治教育的有效途径。从实施的情况看，不少高校建成了有特色的主题网站，网站栏目和网页设计较新颖，内容紧贴时事和学生生活，更新较及时，特别是新媒体技术的充分运用，使网页愈加生动，吸引力进一步增强，网站点击率高，学生受到先进文化潜移默化的感染和熏陶，收到润物细无声的效果。这些成功经验值得总结推广。

（2）加强党校、团校网站建设

高校的党校是在校党委直接领导下培养党员、党员领导干部、教学

理论骨干和入党积极分子的学校，是高校学习、研究、宣传马克思列宁主义、毛泽东思想、邓小平理论和"三个代表"重要思想、科学发展观、习近平新时代中国特色社会主义思想的主要阵地。高校团校是高校对团员骨干和学生干部的培训机构，是高校团组织的一种重要教育组织形式，是加强和改进大学生思想政治教育的重要阵地，对于加强共青团的思想建设、组织建设和能力建设起到了十分积极的作用。积极分子的党性教育，具有特殊的教育优势和不可替代的作用。网络时代，高校党校、团校要充分发挥自身优势，通过开展政治理论的专题课堂教学，以时政热点为主题的研讨会、辩论会，知识竞赛等活动，在提升大学生的思想政治素质上发挥重要作用。一方面，高校的党校、团校是大学生进行理论学习的重要平台；另一方面，大学生参加党校、团校学习，还带有一定的学习任务性质，是促进大学生学习理论知识的重要途径，因此应大力加强党校、团校网站建设，尤其应不断丰富其内容，增强其吸引力和实效性。[①]

（3）党委职能部门、学生事务管理服务部门网站建设

高校党委职能部门是按照《中国共产党普通高等学校基层组织工作条例》的规定开展工作的，即党的委员会根据工作需要，本着精干高效和有利于加强党的建设的原则，设立办公室、组织部、宣传部、统战部和学生工作部门等工作机构。各机构在履行其工作职责的过程中，其网页设置的基本栏目除了直接与工作相关，还应建有专栏，介绍党的基本知识。这些内容，构成了网络思想政治教育资源不可或缺的内容。高校的学生事务管理部门在教育、管理和服务学生的过程中，主要是在校园网上发布大量信息，特别是关于学生奖励、活动和违纪学生处分处理的信息，对学生的思想政治教育起着重要作用，构成高校网络思想政治教育资源的重要内容。

（4）内设教学、科研机构网站建设

高校内设教学、科研单位包括内设行政机构、科研机构和教学单

---

① 刘琳. 高校思想政治教育"三全育人"资源整合路径探究 [J]. 现代交际，2020（19）：182－184.

位。现在高校校园网络的建设，除了专题性的网站外，多属于工作平台性质。在这样的架构下，高校内设行政、科研机构的网页建设，多数没有思想政治教育价值取向的内容设计，但在事实上，这些内设机构网页上的内容是一种隐性思想政治教育资源，也应从思想政治教育视角对其进行建设，使其充分地发挥作用。高校的教学院系，作为教育教学的基层单位，其网页建设的学科专业特色较强，与学生所学专业关联度高，学生关注度高，实际浏览次数多。因此，教学院系网页中的党建栏目、学生工作栏目、团学活动栏目等，也应承载大量的思想政治教育资源，成为网络时代高校思想政治教育资源的重要阵地。

（5）其他专题性网站建设

高校在开展党建和思想政治教育工作的过程中，总会结合一段时间的中心工作和重点工作建设专题性网站，如在"保持共产党员先进性学习教育""学习实践科学发展观""创先争优""群众路线教育实践"等活动中，建设保持共产党员先进性教育活动专题网站、学生党员科学发展观学习实践活动专题网站等。在网络时代，这些专题网站建设，应特色鲜明、主题明确、学生集中关注度高，成为开展高校思想政治教育活动的重要载体、高校思想政治教育资源的重要补充。

2. 加强论坛建设

论坛作为学生交流的平台，由于开始较早，现已发展得较为成熟，在学生中已经产生了较大的影响，在学校网络工作中也发挥着重要的作用，是各高校了解学生思想动态的一个重要途径。高校应当重视高校大学生在线网络平台（校园 BBS）及其他论坛的建设，使论坛在学生中发挥舆论引导与思想引领的重大作用。在加强监管的同时，高校更要进一步发挥主动性，充分利用这一较成熟舆论阵地的积极作用，组织协调大型讨论活动，在交流探讨的过程中渗入思想政治教育的内容。在这一过程中要注重激发学生的积极性，让学生发起话题展开讨论，建立学生话题评比机制，鼓励更多的学生参与进来，这样才能对学生进行积极正确的引导。在管理上建立学生、教师共管机制，突出教师的组织及监管作用，教师做好话题的把关和监督、引导，学生在过程中发挥积极有效的作用，如此不仅可以加强学生对时事的关注，更能增强论坛的吸引力和影响力。

（二）推进高校网络思想政治教育新兴自媒体平台建设

1. 利用 QQ 群等即时交流工具

对于 QQ 群等信息交流工具，既要充分发挥其沟通交流的作用，也要高度重视其思想政治教育功能，积极主动地占领并建设这些阵地。一是，QQ 群作为群聊工具，隐匿性较强，计算机、手机可以同时使用，方便快捷，群成员可以自由、及时、广泛、平等地发表言论，这些特点都有助于了解、掌握群成员真实的思想动态。二是，QQ 群中易对一些共性问题、热点问题发起探讨，所以要重视这一阵地，及时疏导。

2. 重视 QQ 空间、博客等自媒体平台的内容建设

这些平台作为个体或群体的自媒体平台，发布信息及内容较深入、较稳定，已经成为大学生生活、学习、思想状态的写照，因而思想政治教育者要加大对这些平台的影响力。一是，教育者特别是年轻教师、学生队伍要及时关注这些平台，特别是对于不良信息及不良趋势的筛选，善于发现问题，线上线下结合给予学生及时的疏导与正确的引导。二是，思想政治教育工作者要建设并充分利用这些平台，对大学生产生影响，特别是年轻教师本身就对这些平台运用自如，更要充分利用其对大学生进行思想政治教育。

3. 利用微博、微信等平台

目前，微博由于自由化、开放化的特点，在大学生中颇受欢迎，大学生可以面向好友及大众发布消息，同时可以浏览自己感兴趣的微博并发表评论。但是微博信息良莠不齐，且在发生危机事件时煽动力极强，所以要关注好、建设好这一阵地。一是，学校及各部门建立官方微博，针对学生关注的热点问题给予响应，积极引导，通过微博对公共问题进行解答并为学生提供服务或指南。二是，教师、学生网络队伍可以利用微博对大学生进行积极向上的影响，同时关注大学生的微博，以便发现

学生的问题。

微信是一种新型的手机交流工具，不仅支持发送文字、语音短信，还支持发送视频、图片，可以单独交流也可以群聊，仅耗少量流量，可以装载在智能手机上，这对于大学生来说极为方便。利用这一平台适合进行个体或群体的思想政治教育工作，尤其是微信的语音短信适合进行大学生心理咨询及辅导，对于既想寻求心理咨询又不想面对教师的学生来说非常方便。

（三）加大宣传力度，推广校园平台

在矩阵管理的机制上，充分利用横向及纵向管理的快捷、高效，加大宣传力度，形成从新生到毕业生的针对性宣传，推广校园平台，加大服务与互动力度，使学校在学生的网络生活中产生积极、正面的影响。一方面针对新生、二三年级学生、毕业生进行不同重点的高校网络平台宣传推广活动，明确宣传推广目标及推广内容以达到更好的效果。另一方面策划校园推广活动，发放《校园网络使用手册》，使学生对学校网站的深入了解，特别是对方便学生的服务性网站的介绍及校园微博、微信等校园窗口平台的推广，只有让学生接触并关注校园网络资源，才能做好高校网络思想政治教育工作。

（四）主平台与新兴自媒体平台的有效整合

对于高校网络思想政治教育平台，要"两手抓，两手都要硬"，建设好、使用好传统平台；对于主平台，它们是进行高校网络思想政治教育的主阵地，不应舍弃，要坚持其精华部分，以创新为主，这样才能更好地进行高校网络思想政治教育工作。而鉴于网络思想政治教育时代性的特点，必须与时俱进，探索使用新兴平台，跟上大学生的步伐，更加契合他们的生活，一是在突发事件的应急处理中，积极关注并梳理新兴平台反映出的问题，并密切关注学生的思想动态，在此基础上进行传统平台内容的发布与调整，以达到贴合实际的效果；二是在日常教育中，结合新兴平台与传统平台，同步进行大型、阶段性主题教育。总之，一定要使新兴平台与传统平台结合，否则不易达到最佳效果。

第三节 思想政治教育中引入优质视频教学资源的对策

随着科学技术的进步和广大教师的不断探索，现代教育技术在教学过程中被日益广泛采用。教学视频就是其中一种较好的形式，它具有极强的真实感与感染力。如何更有效地发挥视频资源在高校思想政治教育中的作用，以更好地为教学服务，切实提高教学的实效性，是必须思考和总结的现实问题。

一、恰当定位视频资源在教学中的角色

高校思想政治教学视频的运用直接关系到课堂氛围和教学的实效性，是不可或缺的。借助视频资料感性教育的功能可以实现理论与实际的结合、历史与现实的对接，将教学内容变抽象为形象，有利于突破教学难点，突出教学重点，激发大学生对思想政治课程的学习兴趣。但是，要充分认识到它作为现代化教学手段之一，是课程教学的一种辅助手段、工具和载体，归根结底是为教学服务的，是帮助实现思想政治的教学目标和要求的，它起到的是画龙点睛、锦上添花和事半功倍的效果。所以，在运用中不能喧宾夺主和泛滥成灾，这是我们必须注意的。教学过程需要教师的组织，引导学生思考，更需要学生的配合，是一个"教"与"学"的有机结合。视频在教学中起到的是辅助作用，它不能取代教师的主导性，也不能取代学生的主体性。由于教学视频事先就已制作完成，如果教师在课堂上只按照事先安排好的顺序进行教学，以视频代替自身的讲授，把自己仅仅当作放映员，就不能充分发挥教师的主导作用，学生在学习的自主性与多样性上也会受到很大的限制。所以，在教学中视频的使用并不是越多越好，而是要在以教学为目的、以宗旨为指导的前提下适当地使用。任何教学载体都是为教学服务的，视频仍然是一种辅助教学手段，也仅能起到辅助作用。

二、积极优化视频资源在教学中的内容

高校思想政治教育视频教学内容的优化，其实质就是要精心地选择恰当、新鲜实用、有思想价值的内容来播放，以更科学、更艺术地为课程教学服务。笔者认为，选择视频资料要做到"三贴近"。

一是贴近教材内容。比如，在讲授社会主义初级阶段理论的内容时，可选择播放有关人民公社等的教学参考短片，以增强教师讲解和学生认识理解的准确性、客观性和直观性，使学生更深刻地了解那个时代发生这些事件的背景和原因。总之，教师在课上插播视频时，要紧扣教材，而不能脱离教材内容、偏离教材的主线，选一些与课程内容毫无关联或牵强附会的视频。

二是贴近现实生活。只有来源于生活的素材才具有较强的教育意义，学生才会愿意看、愿意听、愿意学，进而达到教学目的。如在讲授改革开放的内容时，可选择插播《复兴之路》等视频片段，使学生在相对宏观纪实的视角中深刻、直观地了解和感受中国曲折而富有开创意义的复兴道路，避免了教师泛泛而谈的空洞介绍。

三是贴近学生。如在讲授到大学生职业理想和职业规划的内容时，可截取编辑电视节目《在路上》《我们》中的一些专门针对大学生就业创业的片段视频播放，让学生对就业和在校学习包括提前自我设计、提前接触社会和企业等与学生自身利益密切相关的问题有一个更理性和更现实的认识，让学生不出课堂通过目睹别人的实践，就为自己增加了一次间接实践，使自己从中获益。[1]

三、精心设计视频资源在教学中的应用方式

思想政治教育视频教学除了要精心选择内容外，还要精心设计规划

---

① 赵秀文，金锋. 西部边疆地区高校思想政治课优质教学资源共享研究 [J]. 天水师范学院学报，2020，40（6）：7—11.

好教学方式。

首先，要把握视频应用的有效时机。视频资源一方面能够因其自身的鲜明特点——形象生动的情景、丰富多样的教学内容、生动的交互方式等吸引学生，提高学生学习的积极性，另一方面又常常因过量的多彩效果容易分散学生的注意力。所以要适度使用视频，在课堂上把握好视频使用的有效时机，达到既丰富课堂，又给学生留下足够思考空间的良好效果。一般来说，视频教学的使用要抓住三个契机：一是在讲授新课前。这时运用视频教学能引起学生的注意，激起学生学习的兴趣，抓住学生的心弦，调动学生的积极性和主动性，达到开篇制胜的效果。二是在讲授教学的重点与难点时。思想政治教学中的重点与难点往往具有复杂性和抽象性，单凭教师的分析与讲解缺乏力度、深度，如用视频教学设计情境，创造舒心和谐的教学环境，就能达到深入浅出、生动活泼、事半功倍的教学效果。三是在组织课堂讨论时。思想政治课教师在围绕或延伸教材内容提出问题、组织学生开展各抒己见的课堂讨论活动时，利用视频有助于学生"思想迸发"，达到"春雨润物"的效果。

其次，除了播放视频，更多的时候还需要通过一定的辅助教学方式科学而艺术地对内容进行进一步总结、评价和升华，这样才能促使视频的功能发挥到极致，给学生留下深刻印象。在以往的视频教学中，许多教师一般只是单纯地播放视频，很少进行讲评或组织学生讨论对相关内容进行辅助教学，导致个别自悟能力不高的大学生对内容的领悟和把握不够到位，不能很好地掌握内容承载的价值取向。所以，播放视频并配之一定的辅助教学是必要的。在播放一段视频后，教师应安排一定的时间引导学生自己去想、去说、去交流。如果课堂上的时间不够，还可以利用课下时间，可以大范围地讨论发言，也可以小范围畅所欲言地聊天等，让所播放的视频和及时的讨论对学生形成一定的冲击、震撼，使学生对自己的现在和将来有一定的思考、规划、设计和再定位。

四、引入微视频教学资源

(一) 微视频教学资源的特点

微视频教学资源在高校思想政治教学中能够起到独特的作用主要取决于它自身的优势。它除了具有传统视频的优势外，还有自身独有的特点。

1. 短小

微视频教学资源是指时长不超过 10 分钟、速度快、内容精、适合在高校思想政治课堂教学中展示、帮助教师有效教学的视频片段资源。不难发现，微视频教学资源就是篇幅比较小的、能够辅助课堂教学的视频资源。因此，微视频教学资源最明显的特征就是"微""小"，这一特性也是微视频教学资源同传统的视频资源最直观的区别。

2. 精准

微视频教学资源的时长必须保持在短时间内，如果时长超过规定的长度就不能称为微视频了。另外，能够被称为微视频教学资源的微视频资源必须用于教学，并且能够辅助教学，否则就不能称为教学资源。微视频教学资源需要在短时间内准确地表达出教学信息。因此，它输出的信息必须是准确的，必须具有精准性。所以，精准性是微视频教学资源的另外一大特点。

3. 易操作

微视频教学资源最显著的特征就是它的"微"。这里的微不仅指它的篇幅小、内容精准，而且指它的终极内存小，不需要占用大量设备空间。既然它的篇幅小、终极内存少，那么，当发现可利用的资源的时候，人们就可以随时随地用电子设备拍摄保存或者是下载保存不需要额外的大内存设备。另外，微视频只需要占用极小的终端空间，上传、下载都比较方便。加上微视频教学资源的时间不长，教师可以根据实际需要进行控制与调节。总之，微视频教学资源较传统的视频资源更容易被操作利用，所以，易操作性就成了微视频教学资源的又一特点。

4. 信息密度大

篇幅小，内容精准，短时间内表现出大量的精确信息，造就了微视频教学资源信息密度大的特点。要想在短时间里表达出高校思想政治课中的某一知识或某一场景，就需要微视频教学资源的内容相当精确，也就是表达的信息相当精确，短时间内输出大量的信息。这就使微视频教学资源在单位时间内包含的信息量大，因此信息密度比较大。

（二）微视频教学资源在高校思想政治教学中的应用原则

利用微视频教学资源辅助高校思想政治教学，能实现微视频教学资源的思想政治学科价值，增强思想政治课堂教学的时效性，但是前提是微视频教学资源必须得到有效利用。笔者通过对相关学者的研究成果进行分析，根据思想政治的学科特点得出，实现微视频教学资源的思想政治学科价值，需要遵循以下几个原则。

1. 方向性原则

高校思想政治课是一门方向性非常强的学科，带有浓厚的马克思主义色彩和中国特色社会主义色彩，具有很强的方向性和思想性。思想政治课的教学目的之一是使学生形成正确的世界观、人生观和价值观。在思想政治教学过程中始终需要坚持正确的方向，坚持以马克思主义理论为指导。因此，作为思想政治课堂教学辅助材料的微视频教学资源的运用，也就始终需要坚持方向性原则，坚持以马克思主义理论为指导，不能随意选取、利用与播放。

2. 实效性原则

微视频教学资源可以根据实际需要灵活选用，但是需要坚持实效性原则，必须能够促进学生的学习，防止长篇大论、主旨模糊不清。否则，学生将很难抓住微视频的重点和主题或者是难以集中注意力，导致学习效果欠佳。同时，也要防止过于死板，否则不利于学生思维的发散。另外，在观看微视频之前也要注意提示学生主要针对的问题以及需要注意的地方，让学生观看视频更加有针对性，不偏题、不分心，让学生清楚知道观看微视频的最终目的，引导学生带着问题看、有方向地看，最大限度地发挥微视频教学资源的作用，坚持实效性原则。

3. 辅助性原则

微视频教学资源固然有其声色像同步、信息密度大、信息容量大等优势，能够增强课堂趣味性，丰富课堂教学方法；可以调动学生学习的积极性，激发学生的学习兴趣，构建轻松愉快的学习氛围。但是，思想政治课的目的是让学生通过学习理论知识来提升自身的素质，运用思想政治微视频教学资源的最终目的就是更好地服务于思想政治课堂教学，而不是为了学习微视频教学资源本身，微视频教学资源只是辅助性材料。所以，在教学过程中，不能颠倒主次，不能把微视频教学资源作为课堂的主角。

（三）微视频教学资源在高校思想政治教学中应用的策略

微视频教学资源是一种新兴的资源，在高校思想政治课教学中合理利用，将凸显其独特的作用和优势。要使微视频教学资源发挥它应有的价值，就应该从选取、呈现及运用三方面入手。选取微视频教学资源时要考虑学生实际、课堂内容以及课堂需要；呈现微视频教学资源时需要考虑时长、数量、时机及方式；在课堂运用过程中，需要巧妙地设置问题，适当地拓展知识，以及结合多种教学方式。

1. 确立微视频教学资源的选取准则

微视频教学资源具有声色像同步的优势，能够辅助教学，提高思想政治教育的时效性。然而，在实际应用过程中，一些教师不会选取资源，不能科学地呈现、运用资源，导致微视频教学资源不能实现其自身的价值。高校思想政治课教师在应用微视频进行教学时，一定要有严密的选取准则，选择微视频教学资源时一定要根据课堂实际需要、教学目标和教学内容以及学生自身发展的基本情况来进行，使微视频教学资源更好地服务于思想政治教学，更好地促进教学目的的实现，促进学生在德、智、体、美、劳等诸方面健康发展。

（1）根据课堂需要选取微视频教学资源

微视频教学资源是高校思想政治课教学中比较常见的一种直观资源，有利于促进思想政治课的教学。但是，不同的教学环节需要不同类型的微视频教学资源，不同的教学资源适合于不同的教学环节，教师需要根据课堂需要来选取。在思想政治课的导入环节，主要是以创设情境、引起学生注意或是引出本节课所要讲授的知识点、提供学生学习的诱因、激发学生的学习动机为主要目的。教师需要创设一定的情境来激发学生学习的情感心理场，选取与本堂课相关联的、具有代表性、场景性的微视频作为教学资源。在思想政治课堂新知识讲授环节，为解释课堂教学中的某个概念、某个原理或者呈现某种现象，使这个具体的概念、原理或者是现象变难为易、变抽象为具体，在选用微视频教学资源时，就应该选取那些能帮助讲解的、能让学生直观了解知识的辅助讲解类微视频教学资源。在课堂知识巩固环节，为了巩固强化课堂教学中已经学习的知识点，使学生能有效把握课堂中的重要知识点，需要有针对性地选取与课堂内容相契合的、能对课堂中所学习的主要知识点起到补充说明和重现作用的巩固强化类微视频教学资源。同时，实现学生的情感态度和价值观教育是思想政治课另一个重要目标。在思想政治课教学中，需要经常陶冶学生的情操，让学生得到情感上的升华，这时候就需要选择那些感染性较强的、能够陶冶情操的微视频教学资源。

（2）根据教学目标选取微视频教学资源

在网络时代，微视频资源铺天盖地、五花八门，给教师选取有效教学资源带来了一定的难度。教师选取的微视频教学资源需要与教学目标保持一致，要能为实现思想政治课的教学目标服务。高校思想政治课是一门通过学习理论知识促进学生素质提高的德育课程，具有很强的方向性，强调知识与能力、过程与方法以及情感态度与价值观的三维目标的实现。微视频教学资源的选取必须依据三维教学目标，切忌厚此薄彼，否则就会使高校思想政治教育的方向偏离。在选取微视频教学资源时，首先，教师要熟悉课本的知识结构和内在逻辑关系以及课堂的教学目标，设计好课堂教学内容，为合理选取微视频教学资源奠定基础。其次，在微视频教学资源选取过程中，要注重分析所选的微视频教学资源与教材内容间的关系以及它们之间的联系度，同时要分析各类微视频教学资源的内容、特点及其价值，将其与课堂目标、教材知识结构有效结合，使课堂教学能够严谨、高效，提高微视频教学资源的内在价值和吸引力。只有结合教学目标选取合适的微视频教学资源，才能避免因盲目使用微视频造成教学效果不佳。

（3）根据学生身心特点选取微视频教学资源

了解学生情况是实现有效课堂教学的基础，也是当代教学观的必然要求，全面正确地认识所教对象的知识结构、兴趣取向、个性经验等是课堂有效教学的重要保证。大学生是一个特殊的群体，他们的心智尚处在要成熟但还未成熟阶段，可塑性非常强。因此，在高校思想政治课堂教学活动中，教师要注重了解大学生在心理、智力等方面的发展潜力，了解学生的实际情况，如年龄、个性、知识、经验等，针对学生的思想活动的多变性、可塑性、求新立异等特点进行教学。对此，高校思想政治教师在选取微视频教学资源时，要根据学生实际的认知基础、心理特征等来进行，选取的微视频教学资源要贴近学生的思想特点、认知发展水平以及学生的实际生活，能最大限度地服务于高校思想政治课堂教学。

2. 构建微视频教学资源的呈现策略

有效地应用微视频教学资源不仅要善于选取微视频教学资源，而且要善于呈现微视频教学资源。高校思想政治教师在课堂教学中运用微视频教学资源时不能只是把自己当成微视频资源播放员，还应该更好地紧扣教学目标，围绕教学重难点，把握微视频资源播放的恰当时机、适宜的数量及播放时间长度，运用多种方式进行播放，使微视频教学资源能够最大限度地辅助教学，实现其应用价值。

（1）呈现微视频教学资源的数量适中

在高校思想政治课教学过程中，微视频教学资源在各个环节都有其利用价值。在导入环节，可以利用微视频教学资源进行导入，为课堂创设情境，激发学生学习思想政治课的兴趣。在讲解重难点环节，利用微视频教学资源，可以帮助体现重点、突破难点。在过渡环节使用微视频教学资源进行教学，可以起到承上启下的作用。在结课环节利用微视频教学资源，能够发散学生的思维，引发学生的思考。然而，在思想政治课堂教学过程中，并不是每个环节都必须使用微视频教学资源，微视频使用的数量并不是越多越好。微视频教学资源使用过多将会分散学生学习的注意力，使其将注意力过多集中在微视频资源上，而忽视课堂教学内容，导致微视频教学资源的价值大幅降低。笔者经过调查和观察发现，在一堂常规的高校思想政治课中，微视频资源的数量尽可能不要超过三个，并且多个微视频资源不宜集中在一起播放，最好较为均匀地分布在教学的不同时段。

（2）呈现微视频教学资源的时长适度

微视频教学资源可以活跃课堂氛围，使学生得以放松。但是，需要合理控制微视频教学资源的时长，如果微视频播放时间太长，学生将无法投入知识学习，也难以回到课堂中来，那么这堂课对于学生来说就似乎完全变成"视频欣赏课"，学生也会把思想政治课堂彻底的当成"放松课"，这将使课堂教学效果大打折扣。播放微视频教学资源的时长可以根据课堂教学的需要而灵活把握，课堂中播放的单个微视频的时长以课堂实际为标准，以能将现象和观点表达清楚为宜，如果问题能用 30 秒说清楚，就只需要播放 30 秒。笔者在实际教学过程中观察到单个微视频超过 10 分钟会分散学生的注意力，教学效果也会随之降低；如果超过 15 分钟或者是更长时间，学生的注意力将会很难再收回来或者收回来后一堂课的时间也将所剩无几，这大大降低了思想政治课的实效性。

（3）呈现微视频教学资源的时机成熟

高校思想政治课是一门以理论为基础的培养学生情感、态度、价值观的实践课程，其中有比较难懂和枯燥的部分。那么，在讲到难懂或者是抽象的理论知识的时候，凭教师单纯讲授，会让课堂显得空洞、枯燥，学生可能会没有学习的欲望。微视频教学资源可以帮助提高思想政治课的课堂时效性，可以为课堂增添光彩，增强课堂的生动性。但是，播放微视频教学资源也要讲机遇、抓时机，这样才能发挥其最大价值，否则将会造成"画蛇添足"的后果。比如，新课堂开始的时候，学生还没有从课间休息或者上节课的情境中回来，教师就可以播放微视频教学资源，以微视频教学资源本身的生动直观性迅速引起学生的注意，使学生快速回到政治课堂中来。再如，当讲到理论性较强的地方时，学生会觉得枯燥无味而不想学习，这时教师如果能抓住机会，播放一段微视频，利用微视频教学资源的直观性特点帮助学生学习，就可以激发学生学习的兴趣，调动他们学习的积极性和主动性，使课堂教学达到事半功倍的效果。

（4）呈现微视频教学资源的方式多样

笔者通过文献研究法查阅了很多文献，了解到前人研究过的视频播放方法有先播放再讲解、先讲解再播放、不讲解只播放以及边讲解边播放等。这些方法各具特点，各有各的优势，但同时也存在很多弊端。先播放再讲解，可以让学生先大概了解微视频播放的内容，然后听教师讲解，可以层层深入地学习知识，但是也存在弊端。学生看视频的时候津津有味，可是在微视频播放完毕后，学生可能还沉浸在视频内容中，而不能专心听教师讲解，或者是只看视频，根本不听教师讲解。长久运用这种方法，会使学生养成只关注微视频本身的习惯。先讲解再播放，可以让学生先学习知识，对知识有一个初步的印象，然后利用微视频教学资源来加深印象。但是有的知识比较抽象，由教师直接讲解学生根本听不懂或者是根本没兴趣听。不讲解只播放，能为学生创设情境，但是缺乏教师指导，学生根本不能把握主旨，效果也就不言而喻了。边讲解边播放看起来很合理，然而有些知识连贯性比较大，这样断断续续会让学生摸不着头脑。所以，微视频的播放方式不能固定为某一种，而是需视具体情况而定，具体问题具体分析。

3. 掌握微视频教学资源的运用方法

有效地应用微视频教学资源不仅要善于选取、呈现微视频教学资源，而且要善于利用微视频教学资源。高校思想政治教师利用微视频教学资源进行教学不是简单地进行微视频播放，也不是简单地讲解微视频教学资源，而是把微视频教学资源作为一种辅助材料来进行教学。在应用微视频教学资源的时候，教师可以采用巧妙设置问题、适当拓展知识以及与其他教学方式相结合的手段，最大限度地辅助思想政治课堂教学。

（1）巧妙设置问题

微视频教学资源作为一种生动的资源受到广大师生的欢迎，它也具有其独特的优势，但是需要在微视频教学资源得以充分运用的前提下才能实现，否则它的优势也就只是观赏品，丰富的微视频教学资源也成了观赏品。使微视频教学资源得以充分运用最好的办法就是巧妙设置问题。巧妙设置问题可以保证知识点的落实，提高学生的参与度。以巧妙设置问题的形式入手既能抓住知识点，又能发散学生的思维，这将会促进学生的全面发展，有利于高校思想政治课程目标的实现。巧妙设置问题需要从创设和反馈两方面入手。

①问题创设的要求

第一，问题的内容要合理。巧妙设置问题要求问题内容要合理，也就是问题创设要具有有效性。这就要求设置的问题必须与微视频内容及教学内容具有一定的关联性。设置的问题还需要具有指向性、引导性，学生能通过这些问题明白自己观看微视频的目的与方向，能根据问题做好观看视频的准备。让学生带着问题来观看微视频更能提高学生观看微视频的效率，提高微视频的利用率，从而提高思想政治课堂教学的时效性。

第二，问题的难度要适中。创设问题时要考虑问题的难度，不宜设置过难或者是太简单的问题。因为过于困难的问题会超越学生的思维范围，导致学生不能思考，而对于太过简单的问题学生基本无须动脑，这都会降低问题的有效性。利用微视频教学时，设置的问题既要能够让学生产生一定的认知冲突，又要给学生留有一定的思考空间。

第三，问题的结构要紧密。问题结构紧密就是设置问题时要注意系统性。利用微视频教学资源时，不仅要注意问题内容的合理性以及难度的适中性，还要注意问题结构的紧密性。为了让学生更好地学习，一般一个微视频教学资源会设计两到三个问题。那么设计这几个问题时就要考虑它们之间的关联性。另外，问题设置应该有主有次，主次相结合。核心问题就是与课堂教学目标关系最紧密的问题，其他为分析解决核心问题做铺垫的问题则为次级问题。次级问题一般设置在核心问题的前面，这样才能激发学生的思考欲望，使学生层层深入地思考问题、分析问题，最终形成深刻的认识。

②问题反馈的处理

在微视频教学资源利用过程中，当学生参与问题解答后，教师需要做出正确的反馈与处理。合理的反馈可以激发学生参与课堂互动的积极性，提高微视频教学资源的利用率。

第一，要以肯定为主。在学生参与课堂教学过程后，教师要以肯定态度为主，经常鼓励学生，增强学生的自信心和成就感。因为大学生处于成长的敏感期，都有自己的思维和想法，自尊心非常强，对教师或同学的评价十分在意。在利用微视频教学资源进行教学的过程中，多肯定学生有利于增强学生的自信心，使学生更愿意参与课堂教学，也能增进师生间的情感与理解，更能增强课堂互动效果。当然这样的肯定并不是无原则、无底线的，也要分清情况，对于那些故意扰乱课堂纪律的言行要及时加以批评指正。

第二，注重形成性评价。形成性评价是指在教学过程中为了解学生的学习情况、及时发现教学中的问题而进行的评价。在利用微视频教学资源进行教学的过程中，教师要注重形成性评价，不仅关注学生对问题的回答与理解，还应该关注学生在微视频辅助教学过程中的表现，以便及时了解学生在学习过程中存在的困难，做到及时反馈与总结，及时调整接下来的教学方案。这也将有利于教师课后进行教学反思，不断提高微视频教学资源的利用效率，不断调整和改进教学方法，提高高校思想政治课的教学时效性。

（2）适当拓展知识

在播放微视频教学资源后，除了分析课堂上要讲的知识点之外，教师还应该适当扩充相关知识。首先，因为高校思想政治是一门发展性的学科，知识时刻在更新，所学的知识也是无止境的，因此，相关知识的拓展有利于开阔学生的眼界，促进学生思维的发散。其次，微视频教学资源毕竟只是一种辅助课堂的资源，具有局限性，不可能全面表现出所有的知识，这就需要教师在利用微视频教学资源时进行相关知识的拓展。

（3）灵活结合其他教学方法

微视频教学资源是一种生动直观的教学资源，是依靠科学技术发展起来的新兴资源，合理利用可以给课堂注入新的活力。但是微视频教学这一方法并不是万能的，它并不能代替其他的教学方法，只是作为一种辅助性质的教学手段而存在。如果抛弃传统教学方法，夸大微视频教学的作用，比如一节课大部分时间都在使用微视频教学手段，教师的主导作用和学生的主体作用就会受到限制，使师生之间的交流和互动减少，思想政治课堂变成了观赏课堂。无论教育技术如何发展，现代多媒体技术也不能完全取代传统的教学方法，任何教学过程都必须重视教师主导作用的发挥，保证学生的主体地位不会发生根本性改变，是否使用微视频资源必须依据思想政治课教学日标和教学内容的需要。另外，大量使用微视频教学资源会冲击思想政治课程的知识体系，影响学生对知识点的整体理解。传统教学方法和现代多媒体教学手段都各有其独特的优势，所以利用微视频教学资源进行教学必须结合讲授法、讨论法、合作探究法等传统教学方法，这样才能充分发挥微视频教学资源应有的价值，思想政治课堂才会更精彩，才能使课堂的教学过程和教学效果达到最优化。

第四章　高校思想政治教育的机制创新

　　大量的研究结果表明，全媒体环境下，协同开展高校思想政治教育工作是非常重要的。全媒体时代的到来，为高校思想政治教育工作的机制创新提供了良好的契机。

　　高校要全力帮助思想政治教育工作者提高全媒体素养，提高他们对全媒体的运用能力，以便他们能够更好地理解和把握全媒体传播规律，并为其进一步提高专业化水平，掌握全媒体的话语权，抢占全媒体舆论阵地创造良好条件。与此同时，要积极构建规范的校园网络舆情监控机制、准确的校园网络舆情汇集分析机制、有效的校园网络舆情引导机制、科学灵敏的校园网络舆情预警机制以及快速高效的校园网络舆情应急处理机制，只有这样才能及时应对各种网络突发事件，化解舆情危机，消除不良影响，共同营造文明健康的校园网络文化环境。因此，在现代高校的精神文明建设方面，进行全媒体环境下高校思想政治工作的机制创新研究十分必要。

第一节　思想政治教育评价机制及体系的创新研究

一、高校思想政治教育工作的评价机制创新

（一）建立线上评价与线下评价相结合的评价机制

　　高校思想政治教育的工作机制，指的是高校思想政治教育工作系统各部分之间互相联系、互相作用以及内在调节的过程和方式，它包括评估考核机制、组织运行机制、监督约束机制、责任追究机制以及保障机制等。思想政治教育工作机制的创新，指的是思想政治教育工作系统内

各个组成要素、各个部分之间的交流方法、作用方式和调节途径的综合性创新。

健全评估机制是开展思想政治工作的重要环节。应制定科学而又合理的评价程序，把既定工作目标作为评价的根据，并据此进行判断与评价，给出评价成绩，总结相关工作中的失败和成功之处，进而纠正偏差。最重要的是，这一机制应能够帮助人们梳理出正确的人生观、价值观，从而进一步明确思想政治教育工作的目标与方向。

要想保证思想政治教育工作的有效落实，完善思想政治教育工作评估机制是非常重要的。思想政治教育工作评估是思想政治教育工作的终端，也是思想政治教育工作的起点。评估是思想政治教育工作中客观存在的、起到承上启下作用的一个基本环节，它在思想政治教育工作中具有重要地位。考虑到传统的评价方法很难适应全媒体环境的要求和变化，笔者提出建立线上评价与线下评价相结合的评价机制。

采取"线下线上"实时评价，实现动态跟踪考核。在定期完成思想政治教育工作以后，可以将工作内容发布到高校思想政治教育工作媒体上，通过信息平台使大学生了解思想政治教育工作的开展情况及学生思想动态。同时，投放线上评价调查表，由学生参与投票，评价思想政治教育工作的实际效果，为学生提供参与思想政治教育工作的机会。此外，除了线上评价，还可以借助线下的不记名投票进行思想政治教育工作评价。

建立"线下线上"动态评价运行模式，自动生成争创结果。在线公开大学生创先争优承诺，发布活动动态，接受师生的评价。要求各级党组织和党员将"一讲、二评、三公示"评比情况和完成创先争优所取得的工作成绩，按照创先争优"活力党组织"积分量化标准，向所在上级党组织提出申报加分。通过上级审核申报的积分事项，党建信息平台的"活力党组织"积分系统将按照"活力指数"量化考核规定的分值，自动生成党组织和党员的创先争优积分，这样党组织和党员创先争优评价就有了量化可比的基础。

进行"线下线上"动态评价排名，激发争创活力。通过在论坛专栏设置"学生思想政治教育工作积分排行榜"并进行实时在线排名，可及时掌握师生开展创先争优的情况。同时，以班级为单位，建立创先争优活动档案，重点完善创先争优活动方案以及"一讲、二评、三公示"讲述汇报的评比工作，并每月开展一次评比活动。活动积分排名具有可比性，使哪个党组织和党员表现得更先进、更优秀一目了然。

此外，"线下线上"评价还可以综合高校思想政治教育考核的内容。线下评价可以用试卷的方式来考核大学生的道德判断、道德推理和道德选择能力；线上评价可作为道德评价的一项重要指标，考核学生对网络道德规范的掌握与遵守程度，还可以对大学生网络行为进行考核，包括是否存在在线上制造谣言、恶意中伤他人，是否存在破坏和侵犯他人网站等不良行为。

（二）建立以过程评价为主要方式的评价机制

各项工作的开展只有通过过程评价和结果反馈，才能全面地了解其中存在的问题，进而采取相应措施有效地解决问题，思想政治教育工作也是如此。因此，必须运用科学的绩效管理方法，建立相对完整的评价标准、科学缜密的评价方法以及运转良好的评价机制等在内的、量化的标准系统。只有这样才能很好地解决思想政治教育工作要评价什么，要由谁来评价，该怎么进行评价，以及评价的结果如何等基本问题，把思想政治教育工作落到实处，把思想政治教育工作的责任落实到人。

执行过程是实践与反思相统一的历程，也就是说针对所确立的内容，严格落实实践的过程。通常，在目标确定后，接下来的重点就是严格落实，直至最终达到预想的目标。此外，针对执行过程中的不足和问题，也要通过改革创新来不断修正和完善。

思想政治教育工作过程评价是高校管理工作的重要板块，其目的就是充分激发人内在的潜能，通过多维度的评价以及建立机制等各种手段推动内因转化。过程评价是进行自我测评、完善自我的重要内容和手段，在具体实施过程中，应该做到以下几点。

第一，全体成员共同参与，通过对目标的分解，明确各自任务、各个岗位的相关责任，形成由领导负责、逐级负责、系统负责和岗位负责组成的网络体系，全体人员都要承担相应的思想政治教育工作任务，做到全员参加、责任到人。这就需要制定详细的目标管理考核机制，从根本上保证高校思想政治教育工作取得实效。目标的确定，要以学校的教学工作目标为主要依据，并结合大学生的年龄、特点或者兴趣爱好等因素，以期实现与大学生思想素质教育的有效融合。此外，还要制定多层次的中长期规划和近期具体的发展目标，构建出科学的目标体系。

第二，在进行思想政治教育工作的过程评价时，应该了解思想政治教育工作的特点，把思想政治教育工作置于教学、科研、管理、服务和育人的整体之中。不仅从根本上落实好思想政治教育工作，还要体现出特色，充分发挥教师在教书育人中的主导作用。教师的层次和水平对学生有着直接的影响。因此，学校的思想政治教育工作不能忽视教师这个角色，应该加大对高素质教师队伍的建设力度，发挥教师的引领示范作用。

第三，制定完善的高校思想政治教育工作的过程评估制度。主要包括：针对校内各院系思想政治教育工作的年度考评制度，按照客观实际以及高校教学改革工作的要求，不断地调整思想政治教育工作的阶段性目标；将思想政治教育工作纳入高校的长期发展规划以及各学科或年级的教学管理考核的体系之中，共同参评，使思想政治教育工作和各学科、各年级的工作密不可分；明确分工和责任，使思想政治教育工作成为自觉的行为，并通过充分发挥思想政治教育工作的网络优势，提升学生的学习积极性。

（三）建立自我评价和相互评价相结合的评价机制

高校思想政治教育工作评价的原则是实事求是，操作过程要遵循的原则是民主集中制以及调查和研究。这样做出的评价才可能是真实的、客观的，才能够发扬成绩，解决问题，保证思想政治教育工作的有效落实。对思想政治教育工作时效性的评价应该与学校的中心工作相联系，要考虑学校的凝聚力、群众的精神面貌；考虑群众的积极性、自觉程度、参与意识，考虑教学质量、科研成果、办学效益；考虑学生的层次、社会反响等情况。因此，在思想政治教育工作的评价过程中，应该注重现实效果，也应该考虑潜在、间接的能效，将定量和定性有机地结合起来，加强对思想政治教育工作的科学评价，这样评价本身才可能切实地发挥作用。

评价主体主要包括学生、教师、管理者、督导和行业专家，或者是依据学生考试的成绩（如职业资格证书考试通过率等）对教师教学质量进行评价，由此实现全方位的、公正、科学、合理的评价。

第一，建立教师评价制度。教师单方面评价学生一直以来被广泛应用。评价中教师应该全方位把握课堂教学的情况，掌握学生的各种动态。教师可以参考班风建设考核等方面的信息资源来选择科学合理的评价方法，及时掌握学生实际情况，通过选择科学合理的教学方式，提高学生学习的主动性和积极性，从根本上提升教学质量和管理水平。

第二，建立学生对教师的评价制度。教师所教的全部选课生均有权对教师进行不记名评价，学生从教学能力等各个方面对教师进行公正而合理的评价，以此作为教师教学质量的考核依据之一。

第三，建立领导对教师教学质量的评价制度。学校领导应不定期地走进课堂，听任课教师授课且要对自己听课的次数进行严格规定，认真填写"听课评价记录"以及"课堂教学评价表"。此外，还要加强书面评价，帮助教师及时发现问题，及时查清原因，并最终采取有效措施解决问题。

第四，建立教师自我评价制度。教师自我评价是推动教学水平提高的重要途径。通过自我评价，教师能够发现自身教学的优缺点，掌握自身教学工作的长短板，进而改进自己的教学方法，不断完善自我，从根本上提升自身的教学能力和综合素质，确保思想政治教育工作的有效落实。

第五，建立师生对学校管理的评价制度。学校管理部门不仅是制度的制定者，还是制度的执行者和管理者，因此接受监督对学校管理部门来说格外重要。教师和学生对学校管理部门进行评价，通常是对学校管理部门的教学计划、大纲等进行评价，采用的途径可以是评价表或者院长信箱等。如果相关部门人员收到的不太好的评价确实属实，就必须在最短的时间内进行整改并在全校范围内公开整改结果，以此来增强校务处理的透明度。此外，还要注意多方面加强教学和管理之间的联系与沟通。

第六，建立同行教学互评制度。为了保证评价的客观性，学校应该倡导教研室的所有教师去听其他教研室教师的课，并且在听课的过程中为该名教师课堂教学的水平打一个综合的分数，以作为教学水平评价中同行互相评价的参考和依据。

第七，建立专家评价教师教学的制度。聘请教学领域的专家对教师教学质量进行评价，同时对学校相关的政策规定和规章制度进行合理的评价。学校也应不定期聘请校外其他相关领域的专家来校进行指导，其意见和看法可作为提高学校教学水平的重要参考和依据。

第八，建立用人单位对毕业生的评价制度。学校应该建立用人单位对毕业生相关素质、品质、态度以及能力进行评价的制度，学校还应该搜集用人单位以及社会对人才能力的最新要求。

第九，建立毕业生对学校的评价制度。学校应该建立毕业生对学校声誉、教师的教学水平等方面进行评价的制度。可以采用问卷或者毕业生评价表的形式来征求毕业生对母校的意见和建议，从而为提升学校的教学质量和教学水平提供第一手的资料。

二、高校思想政治教育评价体系的困境

近年来，高校思想政治教育评价体系建设有了长足的进步与发展。但是，与当今思想政治教育所面临的严峻形势相比，当前评价体系仍然存在着少量脱节与滞后的问题。

这些问题主要表现为评价的目标、层次、过程、标准以及评价信息

的搜集、处理、反馈的方法等还没有形成系统化、规范化、科学化、制度化，现行的思想政治教育评价体系在操作过程中缺乏清晰的路线和统一的标准，能得到理论与实践双重认可的思想政治教育评价体系尚未构建。

（一）高校思想政治教育评价目标狭隘

教育评价的实质在于价值判断，评价的"对象阈限"是"受教育者的发展变化以及构成其变化的诸种因素"。高校思想政治教育的评价目标体系应是对思想政治教育规律和主体价值需求的逻辑反映，体现的是思想政治教育整体的应然目标系统，其涵盖的层次及角度应是合目的性、合规律性地引导和规范思想政治教育活动的。但目前我国高校思想政治教育评价目标相对还比较狭隘，在对教育客体的认知中，往往关注终极目标客体，即学生的思想政治教育及高校实施思想政治教育的现状，而对于贯穿思想政治教育全过程的其他客体则认知不清或者忽略，覆盖面过窄；对高校与学生的思想政治教育评价，也存在着偏颇之处，如对于学生的心理健康水平、思想道德变动等方面的测评，由于缺乏相对客观、量化的技术手段，使得与该方面相关的思想政治教育长期处于模糊状态。

（二）高校思想政治教育评价结构单调

开展高校思想政治教育评价，主要是采取自上而下的形式，即由上级教育行政部门对高校的思想政治教育开展情况进行评价，由高校、教师对大学生的思想政治课教学、思想政治教育活动开展的效果等进行评价。这种通贯式的评价结构往往对应的是终结性评价结果，而诊断式评价、形成性评价、对策性评价和鼓励性评价方式则较少被应用或者干脆被忽略。评价方式的单调性导致教育评价应具有的诊断功能、改进与形成性功能、区分优良功能、鉴定功能、激励功能和导向功能等无法充分发挥作用，从而导致思想政治教育评价缺乏客观性、全面性、一致性和灵活性。

（三）高校思想政治教育评价过程缺乏针对性

高校思想政治教育评价过程反映的是对高校思想政治教育实施情况进行评价的流程、节点，因此评价过程是否顺畅、有序、科学，将直接影响最终的评价结果。目前我国高校思想政治教育评价过程涉及面比较广，体系过于庞大，评价的指标体系基本上不要求面面俱到，更多反映的是硬性要求，而对于评价的软性要求则涉及较少。尤其是在评价的衔接、责任界定等方面，一定程度上处于无序状态，从而导致评价过程出现了断裂与界限模糊等问题。同时，在实际的评价过程中，由于过于依赖量化手段，过多强调评价的科学方法和技术手段的运用，把一些综合性的教育问题、无法量化的思想政治教育深层次的活动、反映高校思想政治教育变化的活动和现象加以量化处理，忽视了对较高层次的大学生的认知能力、情意能力的评价，对于难以用分数来测评的维度，如意志力、创新精神、自主意识、探索精神等也都以量化的标准来测评。定量分析方法具有局限性，往往容易导致测量结果无法反映真实的高校思想政治教育变化的过程，导致价值评价、行为选择和决策活动出现不准确的现象。准确把握高校思想政治教育动态变化，并以此为依据制定相应的政策和机制体制才是评价的最终目的。

（四）高校思想政治教育评价标准过于主观

思想政治教育评价是一个价值判断过程，必须依据一定的价值标准进行。这个价值标准，是指评价主体对评价对象进行认识和评价时所依据的准则。由于不同的评价主体对同一评价对象往往会产生不同的认识和不同的判断。因此，在评价过程中必须制定统一的标准，并用此标准去判断质量是优还是劣，是合格还是不合格。思想政治教育评价更多的是为了追求效果与目的，思想政治教育的特殊性在于其反映的是内心世界的变化，这在一定程度上决定了思想政治教育评价标准的确定具有一定的难度。当前我国高等教育的发展历经变革，教育的理念、体制、机制等都有了根本性的变化。因此，思想政治教育评价的标准也要与时俱进，要体现出灵活性与多样性的统一，以及主观判断与客观判断的统一。但是目前我国高校思想政治教育评价标准及模式相对固定，评价内容相对滞后，思想政治教育评价标准的绝对性与相对性的有机统一尚未完全建立起来，即没有把评价标准的多样性、自主性与统一性、一致性结合起来，没有严格地区分教育对象、教育要求和教育目的，从而导致符合高校思想政治教育规律的多样化标准与操作过程迟迟未能构建。在评价中，以简单代替复杂、以单一性代替多样化的形式主义的现象比较普遍，从而无法客观地反映出高校思想政治教育的不平衡性和思想政治教育水平的差异性。

三、思想政治教育评价体系的构建

（一）评价机制：内部机制与外部机制的结合

高校思想政治教育评价机制主要分为内部评价机制和外部评价机制两种基本形式。内部评价机制主要指学校内部自行组织构建的评价机制，是由高校负责对本校各学院（系）、各部门思想政治教育实施情况定期进行督导、检查和评价，其评估机制主要包括领导决策机制、队伍网络机制、体系指标机制、评价反馈机制等；外部评价机制主要指由上级教育主管部门、社会中介机构等组织构建的评价机制。思想政治教育评价体系的构建，必须整合评价的内部机制和外部机制。一方面，要借助外部评价机制的强制力和权威性，通过督促、评估、检查等方式推动高校思想政治教育评价体制机制的创新，同时，以奖惩、评比等方式调动高等院校的积极性和主动性，为思想政治教育评价体系的构建提供动力；另一方面，要以内部评价机制的灵活性、多样性来探索符合不同层面、不同院校的思想政治教育评价体系，建构出灵活多样的标准与操作规则，为提高思想政治教育评价的针对性和有效性提供蓝本。

（二）评价方法：定性分析与定量分析的结合

定性分析是指对研究对象进行"质"的方面的分析。具体地说是运用归纳与演绎、分析与综合以及抽象与概括等方法，对获得的各种材料进行思维加工，从而去粗取精、去伪存真、由此及彼、由表及里，最终认识事物本质，揭示内在规律。定量分析是依据统计数据，建立数学模型，并用数学模型计算出分析对象的各项指标及其数值的一种方法。

定性分析法和定量分析法由于侧重点不同，选取的方法与分析过程迥异，使得其分析结果也存在一定的差异性。而思想政治教育活动作为一种复杂的精神活动，其效益的存在和表现形式也与一般的生产劳动效益、投资行为等有着本质的区别。因此，在对高校思想政治教育进行评价时，要实现定性分析和定量分析的有效结合。在评价之前，要界定好高校思想政治教育的确定部分与模糊部分。对于确定的部分，如出勤率、考研率、思想政治教育活动开展的数量、党团建设情况、社会实践活动情况和就业率等一些客观的指标，可以采取拥有科学方法和先进技术手段的定量分析法进行分析；而对于模糊的部分，如大学生思想道德素质的变化情况、政治素养、内在情操等，则采取定性分析的方法，总结、归纳它们的指向性变化。

定性分析和定量分析这两种评价方法的有效结合，可以在一定程度上确保高校思想政治教育价值评价的客观性、行为选择的准确性和决策行动的科学性。

（三）评价标准：绝对性与相对性的结合

思想政治教育的评价标准可以分为绝对性标准和相对性标准。绝对性标准就是普遍适用的统一标准和原则，即对所有的教育对象，在任何时候都必须遵循的思想政治教育的准则和要求，绝对性标准是不能用其他原则和要求来代替的。相对性标准是具体的、多样化的标准和原则，即对具体的教育对象，在特定的时期和形势任务下，可以采用不同的标准。对于高校思想政治教育评价来说，必须将评价标准的绝对性和相对性统一起来。结合我国经济社会发展的现状与思想政治教育发展的规律，评价标准的绝对化就是要坚持评价标准的一致性和统一性，主要包括基本的社会价值取向、道德规范要求和基本的个人需求，把党和国家的路线、方针、政策及政治、经济、文化和社会发展过程中提炼出来的一些共性的、得到广泛认可的、符合高校思想政治教育要求的原则作为评价标准，以此来衡量高校思想政治教育的成果，只要是相符的或者相关联的，通常就能认为是一致的和合理的；评价标准的相对化就是要坚持评价标准的多样性和自主性，这主要是为了防止评价的简单化、模式化，因为随着我国社会各方面的深刻变革，必须因地制宜，制定符合实际情况的多种标准来准确分析与判断，以改变过去思想政治教育评价从上而下的单调模式，增强评价的亲和力和实效性，保证思想政治教学工作的有效落实。

（四）评价过程：动态与静态的结合

高校思想政治教育过程的长期性和效果的滞后性决定了思想政治教育评价具有动态性特点。高等学校思想政治教育工作是一个不断发展和完善的过程，其社会效果也是一个逐步显现和不断优化的过程，这就决定了思想政治教育评价是动态的、发展的。高校思想政治教育评价可分为整体评价、分段评价和追踪评价。整体评价与分段评价主要是静态评价，追踪评价为动态评价。但在实际的操作过程中，参与评价的主管部门及高校往往只注重静态评价，对于动态评价却缺乏相应的措施。高校思想政治教育评价的最终目的是了解、分析思想政治教育在大学生中产生的效应。这个效应，不仅有近期的，还有远期的。一般静态评价所获取的结果是近期的，而对于远期的结果，只有通过长期的追踪、观察、反馈才能获取。高校思想政治教育的终极目标即是可持续的思想政治教育效果。因此，高校思想政治教育评价，必须实现静态评价与动态评价的有效结合，以通过静态评价了解到的当前思想政治教育的现状与发展水平为基础，以追踪评价的动态响应为引线，全过程跟踪、分析高校思想政治教育工作，最终为准确判断与评估教育效果、制定相应的教育政策与教育过程提供依据。

（五）评价体系：系统性与专门性的结合

系统思维就是把认识对象作为系统，从系统和要素、要素和要素、系统和环境的相互联系、相互作用中综合地考察认识对象的一种思维方法。系统思维方式具有自身特有的优势，是整体性、结构性、立体性、动态性与综合性的统一。因此，要实现高校思想政治教育评价体系的客观性、全面性，借鉴系统论观点是十分必要的。依据系统论，可以将思想政治教育的结构程序和运动规律作为一个系统工程，运用系统分析法，从教育主体、教育客体、教育介体和教育环体等思想政治教育的组成要素及其之间的关系等方面进行全面分析与评价，从而从整体上把握思想政治教育的影响因素及其之间的关系。特别要强调的是，在构建思想政治教育评价体系的过程中运用系统论观点，能够使评价体系和指标体系更加符合实际，从根本上优化评价结果。同时，在运用系统论观点时，也要做专门的因素分析和研究，这有利于为系统分析提供精准、科学、深入的评价数据。例如，对于高校思想政治教育具体进行的专门评价分析，能够获得教育内容是否得当，教育方式是否滞后等有效信息，从而为后期高校思想政治教育整体评价奠定坚实的基础。

第二节　思想政治教育协同机制的创新研究

一、高校思想政治教育的一般协同机制

根据商务印书馆《现代汉语词典》的解释，机制是泛指一个工作系统的组织或部门之间相互作用的过程和方法。那么，所谓全媒体环境下高校思想政治教育协同机制的内涵可类推解释为：在高校思想政治教育过程中高校内部各个部门或环节通过密切配合，形成有效的思想政治教育协作的有机统一整体。高校思想政治教育协同机制创新是全媒体环境下高校思想政治教育任务能够得以顺利完成的重要保障。

党和国家制定的大政方针是全媒体环境下高校思想政治教育的理论基础，也是思想政治教育协同机制创新的理论基石。要想保证思想政治教育工作的有效落实，必须保证家庭与社会的共同参与，学校要建立并落实与学生家长联系的制度，学校与社区要有合作育人的工作机制。坚持和完善党委领导下的校长负责制，建立健全党委统一领导、党政工团

齐抓共管、宣传部门牵头协调、有关部门参与的工作机制，要创新网络思想政治教育，开展高校校园网络文化建设专项试点，推进校报校刊数字化建设。

综上可以得出关于高校思想政治教育协同机制的基本要求，即坚持党的统一领导，坚持党委、行政、工会、团组织和其他各部门的团结协作，家庭积极参与，社会各部门（包括各级党委、政府、社区、企业、教育部门、司法部门、工商部门、税务部门和劳动保障部门等）齐抓共管。

要想满足上述要求，必须大力创新全媒体环境下的网络思想政治教育制度和方法，必须保证思想政治教育协同机制的有效运行，还要努力做到全过程、全部人员与全方位的有效协同。

二、全媒体环境下思想政治教育协同机制的完善

关于思想政治教育协同机制的创新问题，需要从大学生、学校、家庭和社会的实际情况入手进行研究。在明确了网络思想政治教育协同机制相关内涵的基础上，笔者尝试提出以下具有建设性价值的构想。

（一）深化网络思想政治教育建设

高校应针对大学生的实际问题和实际内在需求，精心设计具有较强针对性的思想政治教育专题网站。网站内容可包括道德修养、心理教育、职业教育、情感话题等。在这里应该注意的是，网站的建设需要学生参与策划 LOGO 设计、形式设计、栏目设计与图文设计，参与设计项目的投标竞标，参与网站的管理和维护。这样才能充分凸显大学生的教育核心主体地位，提升大学生接受思想政治教育的积极性和主动性，增强大学生的自我教育功能，促使大学生在自主选择的愉快氛围中提升思想境界。此外，通过鼓励学生参与网站建设，也能为"身怀绝技"的大学生提供更多的"大显身手"的空间。

（二）搭建校内电话与网络热线"直通车"

可以搭建旨在预防、缓解或解决校内热点、难点、重点问题的"网

络专用咨询平台""电话与网络热线直通车"等网络服务平台,确保全媒体环境下高校思想政治教育的及时性与实效性,确保虚拟网络中师生互动交流的民主性与平等性。

(三)构建"大学生校内外动态信息"网络共享服务体系

这是一个比较大胆的设想。开展高校思想政治教育,对于思想政治教育部门来说,往往是分散的;对于管理的对象来说,往往是动态化的;对于管理的内容来说,往往是零碎的。因此,有必要建立一个统一的网络共享服务体系。在这个体系中,实行跨部门的协作,协作对象涉及校内各部门、用人单位、社区等;建立统一的网络服务平台;对于所有信息数据实行电脑分析处理。建立这一体系的目的是通过统一的服务平台,进行"网格化"管理(每个部门为一格)。

这里所说的网络平台是"共享"的,优势是有助于各个相关部门及时了解、全面分析和把握大学生的现实需求与思想动态,适时开展思想政治教育,确保思想政治教育取得实效。例如,通过这个系统,学校可以了解学生毕业后在用人单位或社区的情况;用人单位或社区也可以了解该人员在校期间的表现;教师可以及时获悉教学、德育、食堂、图书馆、门卫、宿舍管理和医务等部门的信息,全面了解学生的学习情况、身体情况、生活情况、消费情况和心理状态等,从而便于思想政治教育的危机管理,相关人员可提前介入心理干预,未雨绸缪、防微杜渐去预防化解各类教育危机。

(四)鼓励学生自主创建网络平台

可以鼓励大学生自主创建个人主题网页、主题 QQ 群和主题微信群等。这样可以更好地调动学生参与网络健康活动的积极性,有利于学生发挥自主学习与自我教育的主动性和创造性,有利于思想政治教育内容的自觉内化。

(五)家校合力,沟通显效

可以实行"走出去"战略,像小学、初中教师家访一样,到重点学生的家庭走访；也可实行"请进来"战略，邀请家长到学校和教师、学生交心谈心。要发挥全媒体传播的特点与全媒体技术的作用，通过建立"家校通"短信平台或微信群，及时推送学校的时事新闻、发展动态与学生的现实表现，以满足家长"爱子心切"的心理需求。对于重点学生和特殊学生，要与其家长保持联系，及时履行"告知义务"，协同家长及时展开沟通教育。例如，面向家长开放学校的微信公众号，学校如有问题发生，则及时予以告知，以尽快消除家长的不安情绪。

第三节　思想政治教育运行机制的创新研究

一、学校与家庭的联系机制

思想政治教育工作的运行机制指的是思想政治教育工作系统内部各要素之间在相互联系、相互作用、相互制约的联结方式基础上建构起来的工作体制、管理规范和工作方式。伴随着高等教育大众化时代的到来，高校的家校合作模式开启了高等教育发展的重要阶段，而全媒体的到来又为家校合作提供了技术支持。推动家庭和高校密切合作，不仅对学生大有裨益，更能促进学校不断探索新的人才培养模式，合理分配教育教学资源，提升办学效率，最终为国家和社会培养出更多的高素质人才。学校和家庭合作的模式在高校思想政治教育工作中非常重要，同时这一模式也获得了学生和教师的肯定。大学生在成长过程中，始终受到来自家庭、学校和社会的影响。因此，加强高校思想政治教育工作就应该保证家庭、学校和社会的共同参与、鼎力协作。要建设良好的家校合作的模式，提高家校合作实效性，必须做到意识统一、观念一致。

首先，必须树立平等合作的理念，这是保证家校良好合作的一大前提。学校与家庭只有坚持共同的教育目标，才能在合作过程中互相尊重、互相理解和互相信任。这种双向的互动与交流是以学校、家庭二者地位平等为基础的，即无论家长个人素质如何，学生家庭条件如何，家校地位都是平等的。辅导员也应该实现自身角色的有效转变,以身作则,主动向学生学习。同时,还要注意了解学生真实的家庭生活背景和实际的生活状况,强化师生共同合作,创造与家长交流、沟通的机会。只有树立平等的合作观念,才能发挥学校、家庭、辅导员三方的长处,达到合力育人的目的。

其次,端正学校对家校合作的认识。高校管理岗位的工作人员,应该摆正自己的角色与位置,明确自身的职责和任务。学校要运用多种途径鼓励、宣传、指导和支持家校合作,寻求家庭、学校合作的切入点,推动家校合作的顺利完成。辅导员应该及时更新教育观念,端正态度,增强合作意识,加大对每个学生变化情况的关注度,以家校合作为途径促进学生的健康发展。

再次,构建公平的家校合作模式,充分调动家长以及社会各界人士参与高等教育的主动性和积极性,以最终实现为国家输送杰出人才的愿望。国内外学者对家校合作模式进行了深入的研究和探索。大体上,家校合作模式被分成"以校为本"和"以家为本"两种模式,和这两种模式相对应的还有一些家校合作目标和方法。我国高校数量较多,每所学校的管理方式和办学理念都不一样,而且学生又来自全国各地,其家庭环境、性格特点、兴趣爱好、行为习惯和家长素质等均不相同,这些必然会导致教育素养差异性问题的出现。因此,统一的模式显然是不适用的,对于不同学生应该采取不同的策略,如对于网络信息不畅通的地区,写信和打电话就是最合适的沟通方法;而对于本省、市的学生,沟通方式则会更多一些,可以考虑利用寒暑假和节假日进行家访等;同时,博客、QQ群、微信等也是学校和家庭之间进行沟通的工具。学校教育与家庭教育的紧密结合,最终可以有效地促进大学生的成长。

最后,要探索形式多样的家校合作方法。家校合作可以实行群体参与策略。家校互动离不开家长、教师和学生的共同参与。在这里,人人都是班级的主人,人人都可以找到自己的位置,人人都可以昭示自己的存在。其中,家长的广泛参与是形成教育合力的前提与基础。在参与过程中，逐渐形成较为固定的交流群体，如班级博客、QQ 群、微信群和论坛等。在这些群体中，家长、教师本身就是一个丰富的教育资源，当大家围绕一个共同的话题进行探讨的时候，不同智慧水平、知识结构、思维方式、认知风格的参与者彼此互补，促使讨论更加深入。因此，在网络家校互动过程中，要调动多方介入，引导更多的家长参与其中，最大限度地挖掘集体内部的资源，力争把家校互动网络平台建成促进学生健康成长的第二课堂。只有全员参与，整合一切教育资源，教育的功能才能得到更全面、更深刻的彰显。

家校合作可以实行智慧分享策略。网络给学校、班级和家庭提供了一个巨大的交流平台。在这里，家长对班级发展的建议，教师可以及时回复；对热点问题的探讨，家长可以各抒己见；对教育子女的经验体会，家长可以一同分享；节假日出游，大家可以一起"秀"。家校互动平台所涉及的内容是公开的，它使每个家长的经验通过互联网汇聚到一起，从而向思想共享迈进一大步。思想共享其实就是体验生命的过程。个人的知识管理（智慧）汇集到一个组织中，就会形成更大的效应和价值。家校互动平台工作的过程其实就是一个智慧相互汇集的历程，在家校双方的共同努力下人们可以从中汲取更多的关于教育的智慧，并且这种教育的智慧能够在促进和谐教育发展过程中形成比较大的效应，并最终体现出其价值。

家校合作可以实行典型示范策略。网络家校互动是提高家长素质的有效途径。一位优秀的家长就是一部活的家庭教科书。通过网络，其他家长有机会阅读这部教科书，而身边活生生的榜样更能引起家长们的深思，更具有实际的借鉴意义。因此，那些在平台中积极活跃的家长可以发挥示范带头作用，形成教师与家长、家长与家长间相互传递经验和相互学习的良性循环。全媒体时代的教育应富含全媒体时代的元素，全媒体时代的班主任应具有全媒体时代的特质。信息技术的诞生和应用构建了短、平、快的电子信息交流平台，建立了班主任与家长对学生进行同步教育的网络平台，并以一种现代化的全新方式促进了家校之间的良好沟通和交流。

总之，教育工作者必须有效应用网络技术，紧跟形势发展的要求，牢牢把握网络家校互动原则，不断探索网络家校互动的新策略，才能有效促进家庭教育工作的信息化，才能使学校、家长、学生共同感受到网络的无穷魅力。

二、学校与社会的联动机制

全媒体的信息资讯拉近了学校与社会的距离，这种现实感要求高校思想政治工作不能再进行封闭施教。我国现行德育教育与现代社会的发展存在着不容忽视的脱节，这种脱节明显地削弱了思想道德教育的实际效果。要让学生主动、自觉地将掌握的知识转化为自身品德，进而形成生活中的习惯，就必须摒弃以往的防御式、回避式的教育模式，推陈出新，不断创新和完善教育模式，不断提升学生的综合素质。

首先，以生活为维度，完善价值内化的德育内容体系。现实世界并不像学校德育课本上所描述的那么单纯美好，当学生们离开了校园投身到社会之中，便会发现课堂中教师的教诲与现实的世界存在着很大的距离，这使得有些人会慢慢丧失德育之于自己的那种潜移默化的吸引与改变。这种与现实生活和学生实际脱节的德育内容，最终只能失去其教育的功能。因此，教师必须加强对学生的知识传授和引导，让学生明白幻化多彩的社会生活其实不仅有主流的、积极的一面，还有非主流的、消极的一面。换句话说，在这个社会上，不仅有美好的事物，还存在不良的现象，这些不良现象需要大家共同去抵制与克服。在道德教育过程中，如果想使自己所教授的内容被学生们肯定、接受并且内化理解，进而最终付诸实践，甚至是形成一生的习惯，这些内容的可信度以及可行性是十分重要的，只有建立了充分的信任关系，才可以在学生的情感领域中由"道德知"发展为"道德情""道德意志"以及"道德行"。提高道德教育的实效性，还应该注意选择现实中有关道德教育的素材，关注社会生活以及社会实践情况，用具有能够反映时代特征的人和事来对学生进行教育、引导、感染以及激励，才能从根本上增强道德教育的贴合度和说服力。

其次，以现实为维度，坚持以心灵为导向的德育目标。德育教育的目标就应该渗透在社会实践活动、道德关注和社会的道德需要之中。价值导向和社会风尚通常决定了教育的目的和内容。要想明确道德教育最根本的任务，必须首先明确德育的目标、内涵，还应该正确理解道德和人之间的联系。大量实践结果表明：人类的生存和发展才是道德教育最根本的任务。所以，坚持人类的健康发展与社会的有机结合，将人的心灵作为基本导向，确立和尊重受教育者在整个道德教育过程中的主体地位，坚持实现主体的复位，从而充分发挥出其独特的能动性和创造性。人的本质就是社会性存在，其发展是不可避免的。德育目标只有以人的心灵为导向，才不会忽视对现实的把握和考量。我国古代的德育倡导对人格进行尽善尽美的培育，虽然理论上人人皆可为尧舜，但实际上只是浮于表面，道德上的至圣境界几乎是无人能至。培养面向未来的人才，就决定了道德教育的超前性与现实性，如何把握超前与现实的契合点，这就要求以人真实的心灵为导向，从社会现实维度尽量地贴近受教育者的思想以及生活的实际，从而培养出合格的、具有较高综合素质的公民。

再次，以时代为维度，建设符合社会需要的德育理论。繁荣和落后并举是中国学校在道德教育过程中的一大怪异现象。繁荣，指的是数量上巨大。粗略统计，当前德育文献以及德育研究人员数量是非常大的。落后，指的是质量上不尽如人意。在日趋增多的德育论文、专著中，很难发现真正有研究意义和价值的思想观点，论述往往都沉浸在原有德育理论的框架中，缺乏对现象的存在原因和改善措施的深入思考。对于任何一种实践活动来说，如果没有理论支撑，就是空洞的；如果没有理论指导，就是盲目的。有效的德育实践与相关理论支撑无法分离。因此，德育的理论一定要随着道德教育实践的发展而发展，被人们彻底接受的道德教育才是真正意义上的道德教育，也只有使用这种道德教育，其功能才可以实现。

最后，以发展为维度，改变德育机械呆板的教育过程。品格教育使得教育在本质上名副其实，塑造健全人格重于传授知识与技能。众所周知，学生的品德形成是由内而外地生长，因此如果用单纯灌输的方式，恐怕会事倍功半。良好道德品质的形成，离不开道德情感、道德认识和道德行为的有机统一，而其中的关键又在于将道德认识转化为道德行为。要想成功转化，必将以情感为中介。因为，所有的道德规范均出自人性需求，规定出的是人和人相互间的道德准则。它建立在人与人之间理解的基础上。教育在更深层次上是精神层面上的播种，受教育者能够得到的不单是知识与能力，更包含道德素质和精神内涵。教育是人在一生中展示的过程，即寓意着教育的可理解性，由于展示人生即是对生活意义进行理解与应用，展示人生也就是展示人生实践的过程。人们的精神世界是非常丰富的，有可以无限拓展的广泛性与发展性。每个人精神能够到达的广泛延伸性与维度是无法预测的，这就是人拥有可塑性的依托。

所以，对德育的内容、意义及其形式的理解必定也是多类型的。从这个意义上看，教育没有办法也没有可能将学生的精神世界统一起来。实际上，太过强调统一、客观与标准化，反而阻碍了学生在精神世界里面所能够得到的多样化的发展。传授善的意念是一种精神的唤起，并不是一种教导。德育的过程要想改变机械呆板的现状，要理解广大学生，号召学生追求善意、实践善意。只有这样，才能保证当前德育工作的有效落实。

三、高校内部的合力机制

构建高校思想政治工作的新机制，必须正确认识思想政治教育工作在高校管理中的地位和作用；必须创新领导机制，明确领导职责；必须创新激励机制，调动教职工情绪；必须创新制约机制，提高工作质量；必须充分利用网络等媒介构筑思想政治教育工作新平台。全媒体环境下，开展高校思想政治教育要求充分利用网络等先进媒介，全方位增强人的眼、嘴、耳、脑的功能，增强高校思想政治教育工作的成效性。高校思想政治教育工作不仅要适应社会主义市场经济的发展要求，其自身还是推进改革发展的一个战略过程，另外还要适应新时期改革的发展形势，探索并建立新思想的过程。因此，必须以科学理论为指导，与学校发展和改革情况紧密联系，与生活实际相联系，注重思考实际问题，建立并健全思想政治教育工作的新机制。

首先，创建全方位覆盖思想政治教育工作的主体机制。高校思想政治教育有着极其重要的战略意义，与国家的未来与发展密切相关。要想保证高校思想政治教育工作的有效落实，需要增强全员参与的意识，创建全方位覆盖的、全员参与其中的教育主体机制。全方位育人的主体要积极参与到教育活动中，全程育人、全员育人、全面育人。要以主旋律基调定位集体主义和爱国主义，用优秀作品鼓舞人和激励人、用科学理论武装人、用高尚情操塑造人、用正确舆论引导人，带领学生向高尚道德情操看齐，培养学生健康的审美情趣，引导学生理性消费，拥有远大的理想，积极进取。在学校的层面上，需要相关组织机构人员团结协作，强化组织间的沟通与联系；在社会的层面上，无论是家庭，还是企事业单位或职能部门，都属于教育主体，一方面，家长要关心孩子的成长，了解孩子的思想状态，另一方面，要充分发挥社会资源对高校思想政治教育的重要作用，在教育学生的过程中，要用现实生活中涌现出来的先进人物事迹来熏陶和影响学生，让学生在参与社会实践的过程中受到启发。总的来说，社会上全体成员与各个职能部门均是作为思想政治教育主体而存在的。

其次，创新高校思想政治教育队伍的建设机制。在思想政治教育活动中，高校内的思想政治教育工作者不仅是策划者，还是组织者，也是调节者与实施者。队伍的建设情况决定着高校思想政治教育的成败以及能否顺利开拓新局面。因此，不仅要重视队伍的选聘、发展与使用机制的建立，同时要充分调动队员在工作中的主动性与创造性，保证思想政治教育工作的有效落实。从另一个角度来说，需要帮助高校思想政治教育工作者做好职业生涯规划，用政策留住人，用感情"牵"住人。

再次，创新高校思想政治教育工作的激励机制。高校思想政治教育工作是保障高校正常运行和促进大学生健康成长的重要环节。其根本目的是充分调动大学生的内在积极性、主动性和创造性，使之成为勤奋努力、思想上进、工作负责的高素质人才，而激励恰好是调动大学生内在积极性的最有效途径。

最后，建立多渠道、宽口径的思想政治教育机制。开展高校思想政治教育工作，可以通过拓展教育渠道和强化工作载体来实现。

一是实现主题教育和日常教育的有效结合，全方位、多环节教育人，落实好日常工作，利用各种机会开展各种主题教育。

二是实现聚合式教育和辐射式教育的有效结合，充分发挥群众社团的教育功能，吸引并促使不同兴趣的师生加入其中，形成教育载体并发挥骨干师生的辐射功能。

三是实现个体教育和集体教育的有效结合，加强对师生的个体教育。

四是实现免疫式教育与感染式教育的有效结合，凸显思想政治教育能动性特点，从根本上发挥出思想政治教育的作用。相关人员要制定具体化和系统化的工作规则，按照一级管理一级、级级落实的规定，把思想政治教育工作的任务逐级分解，把工作责任落实到个人，通过狠抓落实，使思想政治教育工作真正地落到实处。

全媒体的迅速发展，改变了人们的生产方式和生活方式，改变了社会成员的行为模式、思维模式和价值观念，给人类社会发展带来了深刻的影响。全媒体的迅速发展，也给高等学校的发展带来了前所未有的机遇，特别是给高校思想政治教育工作提供了更为广阔的平台，丰富了高校思想政治教育工作的形式和手段。但在看到新的机遇的同时，也必须清醒地看到全媒体背景下高校思想政治工作面临的新问题。网络、手机、数字电视和触摸媒体等各种形态的多媒体中所充斥的大量不良信息正不断影响着高校思想政治教育工作的模式，不断冲击着大学生的生活，严重影响着大学生的世界观、人生观、价值观，进而阻碍了高校思想政治教育工作的有效落实。

全媒体为高校思想政治教育提供了新的方法、新的平台。在全媒体迅猛发展的今天，舆论多元化的特点决定了高校思想政治教育必须毫不动摇地坚持以社会主义核心价值观为引领，不断提升思想政治教育的高度；必须主动利用全媒体，真正地把全媒体建设成传播马克思主义先进文化的新阵地，占领意识形态传播的制高点，使得大学生在接受全媒体文化的同时，自觉抵御错误的网络文化思潮；必须充分利用现代技术手段，广泛开展宣传普及活动，增强大学生对中国特色社会主义事业的认同，提升全媒体文化的精神内涵，培养大学生的爱国情怀、改革精神和创新能力。

总之，在全媒体环境下，高校思想政治教育工作必须适应时代和社会发展的需要，紧跟时代的步伐，直面全媒体时代所带来的巨大变化，始终保持对变化的敏锐性；抓住热点问题，结合学生实际情况，充分发挥全媒体的作用；要加强媒介素养教育，不断充实思想政治教育工作内容、创新思想政治教育工作方法和途径。另外，要通过全媒体形态建立有效的思想政治教育工作机制，提高高校思想政治教育工作的针对性和有效性，确保高校思想政治教育工作的有效落实，以培养出时代所需要的具有较高综合素质的专业化人才。

第五章　高校思想政治教育的载体创新

第一节　思想政治教育载体的内涵、形式与特征

一、思想政治教育载体的内涵及构成条件

"载体"本是最早出现在化学领域的科学用语，意指催化某些化学反应的中间物质。二十世纪九十年代，思想政治教育领域逐渐使用"思想政治教育载体"的概念。

思想政治教育载体的构成条件主要有三点：一是思想政治教育载体必须能够承载思想政治教育内容和信息，并反映出时代和社会发展进步的要求；二是思想政治教育载体能够被思想政治教育主体所掌握和操作，与思想政治教育环境不同，载体不是一个自在自为的存在，而是具有工具理性的，只有当主体掌握并使用了载体的时候，载体的作用才能得以检验和发挥；三是思想政治教育载体必须能够联系主体和客体，并形成主客体的互动，思想政治教育载体的作用过程是教育者和受教育者在一定的教育目的的指导下，借助于一定的方法、手段相互作用的过程。

二、高校思想政治教育载体的形式和特征

高校思想政治教育载体是在高校这个特殊的领域和范围中，承载着思想政治教育信息的、能够发挥思想政治教育功能的各种形式。换言之，在高校这一特殊环境中，能够发挥思想政治教育功能作用的载体都可以当作高校思想政治教育载体。从功能上，高校思想政治教育载体能够承载高校大学生思想政治教育的目标、任务、内容的信息；能够为教育合格社会主义接班人保驾护航；能够联系教师和大学生两个相对的群

体，并形成互动的关系。

在"大教育"的理念下，高校思想政治教育载体的形式较多，一是传统的课堂教学仍然发挥着高校思想政治教育的主渠道；二是实践教学越来越多地被运用到了思想政治教育之中，一些体验式、观摩式教学方法也获得了较好的效果；三是网络教学成为课堂教学和实践教学的有益补充；四是新媒体客户端的功能性教育载体、一些官方微信微博等成为重要的渗透力量和教育力量；五是各级各类学生活动，学术活动、交流活动等也可以看作是有效的教育载体；六是主流媒体、封面媒体在高校思想政治教育中仍然发挥着载体作用；七是各种实物性、户外性的宣传教育载体，用于承载思想政治教育内容的图片、实物、标语、口号等都是高校思想政治教育的载体；八是高校大学生的日常管理的制度安排；等等①。

目前，高校思想政治教育载体形式多样，层次丰富，发展较为成熟，也具有了更强的创新意识和新颖性。高校思想政治教育载体客观上突出体现了大学生群体的特征，受到大学生的年龄、知识体系、技术要求等方面的特殊性制约；体现出大学生作为社会化最后阶段和已经成年、容易接受新事物的特点；体现出大学生专业知识丰富、心智成熟、群居、同质性强、联系紧密等特点，也因此体现出更强的"创新意识"，载体的"新"方式、新手段、新方法层出不穷，大学生也更容易接受新的载体形式。高校思想政治教育载体也体现了高校的教育者特点，体现了教育者作为教育的主体，在设计之初便鲜明附载着教育示范功能。

第二节　思想政治教育载体创新的平台力量
——新媒体

高校作为一个开放的社会单元，与外部环境联系紧密，无法拒绝新

---

① 张媛聆. 新媒体时代高校思想政治教育研究 ［M］. 成都：四川大学出版社，2020.

技术带来的变革力量，而且往往先成为高新技术的阵地，大学生也往往会率先成为高新技术的粉丝和使用者。按照马克思主义的矛盾动力论，在新媒体带来了思想政治教育载体的新状况、新矛盾的同时，新媒体带来的环境、主体和客体方面的内在矛盾，也成为促进高校思想政治教育载体的平台力量，促使着高校思想政治教育载体通过创新，发挥好中介作用和桥梁作用，适应新时代的要求和特点，适应新时期的大学生群体特征。因此，新媒体可以发挥高校思想政治教育载体创新平台力量的角色。

一、新媒体带来高校思想政治教育载体创新的环境要素

载体的创新需要借助必要的环境，在环境及其变动趋势影响下开展，对思想政治教育载体创新建设影响的环境主要有社会环境、文化环境和技术环境等方面。

新媒体带来了社会环境的深刻变革。一方面，社会在新媒体的即时性、多对多的传播方式推动下，已经变成了"无阻隔"的空间。资讯、信息、消息和一些事实的无阻隔化传输，使大学生接收信息渠道的单一性变为丰富的多样性，接受信息方向的单向度变为信息互动的多向度，也使得高校思想政治工作主体所具有的"权威性"因为"信息接近权"的逐渐淡化而日益弱化。另一方面，大学生在思想政治教育过程中的主体性的增强，也得益于新媒体带来的全时全域的信息发布权、信息评论权、信息接受权，当然，海量信息的"大数据"带来的信息真实性、信息背后的目的性、信息评论的片面化等，也对大学生思想政治教育的社会环境造成了管理和筛选的困难。因此新媒体对社会环境的影响和由此产生的新矛盾，间接带来了高校思想政治教育载体变革的动力。

新媒体带来了文化环境的深刻变革。新媒体带来了文化话语体系的转变，尤其是网络语言的简练化、符号化和字母化特点突出，夹杂着符号、字母、数字、表情图片等要素的话语内容越来越多，在一些具体的表述上，也表现出时事化、调侃化和口语化的倾向；日益呈现出丰富而

富有个性化的大学生的亚文化特征。在网络游戏、动漫、户外、音乐、网络事件等方面，往往聚拢一些有类似观点、爱好和特长的大学生们，形成富有群体共性的亚文化群体；在文化消费方面，新媒体也带来了文化消费品的多元化，在尊重个性选择的基础上，越来越多的文化产品通过新媒体进行了广泛的传播，一些异域文化、另类文化等也可以随时随地进行传播。面对新媒体，大学生群体在文化环境方面，已经存在着个体需要和社会需要不一致的矛盾，个性满足和社会文化品格塑造不一致的矛盾，文化满足与文化规范和文化合理性之间不一致的矛盾，这些也成为高校思想政治教育载体创新的动力。

新媒体带来了技术环境的深刻变革。新媒体是在新技术的基础上发展起来的，同时，它也带动了新技术的推广、应用和进一步革新。新技术在高校大学生群体中易于"流行"，大学生们都已经具备了虚拟化的人际交往技巧，通过网络和手机，可以无障碍地进行人际交往，使内心深处的交往需求得到满足，情绪得到一定程度上的宣泄，但也带来了一些欺骗、诈骗、虚假的交往信息，带来了对人际交往实践意义的否定和人际关系的疏离感、隔阂感，存在"双刃剑"的矛盾。技术的进步，也带来了教育平台和手段的多元化，教育内容和知识的海量化，已经突破了原有的课堂教学的单一平台模式，具备多种互动技术的新媒体，提出了教学平台整合的需求和文字、图片、视频、声音等多种内容的整合要求，知识的暗箱被打开，大学生可以随时随地进行知识的学习，可以增强大学生作为思想政治教育对象的主体性。总体上来说，新媒体带来的技术环境的变革，为高校思想政治教育载体的创新发挥重要的技术动力和吸引力。

二、新媒体带来高校思想政治教育载体创新的客体要素

新媒体带来了大学生生活方式的快餐化、便捷化、虚拟化和对现实生活的逃避化倾向的矛盾。一方面新媒体带来了生活的便利，大学生们可以通过网络轻松完成消费、活动的许多环节，生活的便捷度越来

高，他们越来越依赖手中的手机、各种各样的 App，依赖互联网或物联网的生活，甚至出现了许多虚拟化的生活社区。但从另一方面来看，当他们改变了手机和网络的工具理性之后，往往表现出对现实生活的无趣感，对现实生活的实践的逃避感。大学生拓展了人际交往空间，却带来了潜在的人际交往障碍的矛盾。各种各样的贴吧、论坛、聊天工具，让大学生们可以轻松变换身份角色，变换性别、年龄、专业、爱好等个人信息，以不同的角色进行人际交往，不仅可以吐露心声，也可以侃侃而谈，还可以"潜水"深处、只当一个观察者。一些情感类的交往，变成了虚拟化的交往方式，非直接的、非面对面的交往让个人的"秘密"要么隐藏得更深，要么可以被轻易发现。其实，在现实生活中的面对面的、直接性的、富有人情味和真情实感的交往才是人际交往的实质所在，但许多大学生却弱化了真实的交往，或在交往中表现出情感的弱化。

大学生获取知识的主动性与新媒体知识内容的碎片化形成矛盾。传递知识、探索未知是高校的责任，也是大学生自己的责任。大学生在新媒体的推动下，可以轻松获得海量的知识信息，轻松完成学习的各个环节。新媒体提供的诸多搜索引擎信息量丰富，教师课堂上的讲授，可以轻松通过"搜索"得到答案。这在一方面拓宽了大学生获得知识的途径，提高了获得知识的效率，加强了大学生获取知识的主动性；但从另一方面来看，大学生们也面对着海量信息和知识的无序化、碎片化、非体系化甚至是片面化的影响，难以让自己通过系统学习的引导获取体系化的知识，特别是在大学生正处于思维和思想都不成熟的阶段，容易片面理解、断章取义，甚至出现走极端的现象。

大学生主体意识强化、网络民主觉醒和一定程度上的价值取向混乱、道德情操淡化的矛盾。一方面，大学生们可以担任新媒体主体的角色，他们的民主意识正在逐渐觉醒。网络民主作为新媒体的产物，把大学生们作为草根的声音以"滚动散发性"的方式逐渐散出，增强了民主主体的意识，带来了民主参与的积极性；另一方面来看，大学生在"慎独"不足和自律性不够的情况下，又缺乏"他人在场"的监督，在道德、价值和法律观念尚未成熟的前提下，容易出现价值取向的混乱。

三、新媒体带来高校思想政治教育载体创新的主体要素

新媒体的条件下，高校思想政治教育的主体既包括传统意义上的教师主体，也逐渐将大学生置于主体地位。

新媒体既带来了高校思想政治教育主体的新平台、新途径，又带来了对其工作能力的新要求。在传统的思想政治教育载体形式下，主体对大学生的思想政治工作主要是通过课堂教学、课堂讨论、座谈会、主题班会、实践教学、个别谈话、个别活动创设、各种实物和口号性的宣传等方式进行的，大学生往往只是处于客体的、被动的地位。他们的参与积极性不够高，教育主体对大学生的思想状况的判断往往不够全面和准确，传统载体的一对多形式，也很难关照到每个学生的个性化思想，对大学生的思想动态和需求很难进行即时的反馈，因而难以达到对大学生进行思想政治教育的效果。

新媒体条件下，教师可以通过网络教学平台、网络互动平台、手机网络终端、微信、微博交流平台、数字电视等平台进行思想政治资源的新整合，让大学生利用学习和交流的新载体，便捷快速而有效地获得信息、提供信息，也在潜移默化的渗透性教育中获得思想政治素质的提高；大学生们可以在虚拟世界中敞开心扉，打破传统的教师与学生的主客体划分界限，突破面对面教育的一些"难言之隐"，不受拘束的表达情绪与心理状态，在教师和学生间轻松架起沟通信息和掌握动态的桥梁，便于促进积极教育、个性教育、自我教育的开展。但同时，也带来了高校思想政治教育主体能力提升的需求，需要不断增强他们的新媒体素养，增强新媒体技术，能够从新的方法途径上加强对话，不受障碍地进行沟通和交流，使得教师们能够设计一些具有先导性的新载体活动，加强潜移默化式的、常态化的教育能力的提升，使学生们能够主动参与思想政治教育活动，参与自我管理自我教育的过程，发挥在载体活动设

计、实施、反馈与调整等过程中的主体作用。

新媒体既带来了高校思想政治教育主体的高效率、时效性，又带来了工作的无屏障化、无序化。一方面新媒体不受时间、空间和气候等条件的限制，承载信息多、传播速度快、覆盖范围广、方式方法多，可以实现瞬间的到达和即时的回应，为高校思想政治工作者们进行大规模、快速化、主动性的正能量传播，为高效率、高时效性的传播正确的思想、政策和理论提供了有效的平台，而且还可以避免信息衰减和失真，避免信息传输过程中的阻塞和变形，快速实现与大学生的对话，促进了主体的平等性。但从另一方面来说，新媒体也带来了信息传播的无屏障化和无序化，教育主体很难构筑起过滤或阻止一些无效信息和负面信息的有效"屏障"，无法规范鱼龙混杂、良莠不齐的海量信息，难以把握对信息的筛选。尤其是对大学生主体，他们涉世未深、思想不够成熟、经验不够丰富、对问题的认识还缺乏全面、深入的了解，甚至有时候难以分辨真假黑白，容易盲从盲信，无法在"资讯轰炸"的情况下，找到正确的方向、做出正确的选择和行为方式。无屏障和无序化是影响主体能力发挥的重要因素。

第三节　思想政治教育载体创新对策研究

一、高校思想政治教育载体创新的指导原则和理念

（一）"党管"原则

历史表明，中国共产党作为无产阶级、中国人民和中华民族的先锋队，始终代表着最广大人民群众的根本利益，是党的性质和宗旨的展现，与人民群众利益的实现具有本质的一致性。高校思想政治教育载体所承载的价值观念和内容要和党的宗旨、性质保持一致，和人民群众的利益保持一致。要保证高校思想政治教育的性质的纯洁性和有效性，首先就要保证载体的创新在党的领导下开展，按照党的原则、宗旨和信念

进行创新。

无论是传统媒体还是新媒体，都具有鲜明的意识形态属性。无产阶级属性和人民属性是我国媒体的首要归属，尤其是党的媒体，为人民群众服务的媒体，首先应该遵循党的基本原则，做到为人民服务。无论高校思想政治教育载体如何创新，要保证在运用新媒体载体和加强新媒体创新手段的过程中，确保党的绝对领导地位。党和政府主办的媒体是党和政府的宣传阵地，党的媒体和社会主义的媒体首先要保证其党性原则和社会主义原则，党性原则和社会主义原则是一致的。

高校思想政治教育载体的创新，虽然是鼓励形式创新与内容创新，鼓励新颖，适应社会和时代要求、适应大学生思想建设的需要，但从前提性和原则性的角度上讲，载体无法脱离意识形态。因此，党的领导始终不能放松，要保证思想政治教育载体的创新始终在各级党组织的领导下开展。

（二）主流价值观引导原则

高校是象牙塔，但并不是远离社会的封闭空间。高校处于一个开放的社会环境之中，其本身也是一个开放的单元，教师、学生都受到来自方方面面的、形形色色的信息影响，在新媒体的条件下，多元价值观念的冲击越来越明显。要保证社会主义事业的健康持续发展，就需要我们广大的干部群众始终保持对待国家、社会和个人的正确价值观念。高校的开放性，也进一步要求主流价值观念发挥主导作用，这也是高校思想政治教育建设的应有之义。

社会主义核心价值观，在社会的多种价值观念之中处于"核心"地位。社会主义核心价值观也是新时期对适合我国社会主义发展新阶段的价值观念的高度凝练，是在充分尊重和继承优秀传统文化的基础上，是在充分吸收和借鉴包括西方文明在内的人类优秀文明成果的基础上，在中国特色社会主义建设取得了辉煌成就的基础上，对国家、社会和个人三个层面，进行的科学、简练的总结，是可以对我国未来经济社会发展发挥重要意识能动作用的价值观表述，在所有社会的价值观念和理念中具有最高层次的指导意义。高校思想政治教育载体创新，既要把社会主义核心价值观作为指导和统领，密切关注和深刻探索新载体可能带来的价值观念冲击，又要把社会主义核心价值观作为载体创新的重要内容设计进去，还要把社会主义核心价值观作为载体创新的价值判断标准。

（三）贯彻五大发展理念

高校思想政治教育载体的创新，应该贯彻五大发展理念，以创新为动力，做好形式和内容两个方面的创新，以新形式和新内容满足高校思想政治教育目标的需要。要协调好传统媒体和新媒体在高校思想政治教育载体中的关系，协调好传统载体和新载体的关系，协调好思想政治教育主体和客体的关系，协调好思想政治教育目标、内容、方式方法之间的关系；要坚持好生态理念和绿色理念，以可持续发展的理念指导载体创新，增强环保观念，在载体所需要的物质条件上、软件条件上要注重绿色理念；要增强开放意识，把高校思想政治教育载体的创新放到全球化的视野中借鉴吸收好的经验，继承以前的优良传统，摒弃一些过时的、无效的落后载体，把我们的培养目标定位在与国际青年的竞争上，做好高校青年的思想政治教育工作；要把高校思想政治教育载体创新的目标放到大学生群体上，放到他们思想政治素质的切实提高上，尊重大学生的主体地位，把高校、教师和学生的利益统一起来，实现真正意义上的"共享"。

二、高校思想政治教育载体创新的主体能力提升

（一）加强高校思想政治工作者的新媒体素养

媒体素养主要包括听说读写的能力、接受选择和批判信息的能力，新媒体素养是对传统的媒体素养的继承和发展，主要包括两个方面的内容。一是要具备认知新媒体、使用新媒体的必要知识和技能，能够熟练掌握新媒体的特征、趋势和使用方法，熟知各类新媒体的作用过程，有效地利用新媒体进行信息的制造、传播和反馈，合理地利用新媒体达到渗透和灌输的目的。二是要通过新媒体即时有效地获得信息、选择信

息、查找规律、总结分析、评价应用信息的综合能力，能够对新媒体产品及其传递的信息进行必要的评判，能够比较清晰地判断新媒体对现实社会带来的影响。

作为高校思想政治教育工作者，应该树立科学的人才观，在保证正确的政治立场和社会主义核心价值观的统领地位的基础上，应该注重个性化的人格和能力的包容和培养，培养个性化的人才。协调好"教"与"学"的关系，不仅要注重"怎么教"，还要注重"怎么学"，实现"教""学"平衡，更要注重大课堂的构建，突破"教"与"学"的时空限制，形成平等的"师生观"，尊重学生作为高校思想政治教育主体的作用发挥。

作为高校思想政治教育工作者，应该主动增强对新媒体的认知，跟上时代潮流，诚恳接受新媒体、熟练使用新媒体。在新媒体上发挥主体作用，能够运用新媒体对信息进行加工，增强运用新媒体加强教育教学效果的意识，进行教育目的和意图的渗透，在教育教学过程中，主动、科学地使用好新媒体。从路径上来看，可以通过自学、积极参加新媒体技术培训班及相关法律法规培训；也可以承担相关教育研究课题，加强对新媒体融入的理论研究和经验推广；还可以借助专业技术人员或学生力量，学习一些新媒体技术、创设一些新媒体载体，建设一些新媒体资源等。

（二）加强大学生主体能力的塑造和发挥

大学生是新媒体的主要使用人群，最早接受和使用了新媒体技术。他们对网络、智能手机等新技术依赖度非常高，深度依赖于新媒体环境，也为他们成为高校思想政治教育载体创新的主体力量提供了基础。

媒介的能力主要可以理解为是对信息的选择能力、理解能力、质疑能力、评估能力、创造和生产能力等。大学生首先可以利用自己对新媒体技术的使用频率高、使用熟练等优势，深刻理解不同新媒体的性质、特征、用途和目的等要素。面对真假不一、价值多元的海量信息，大学生们应该坚持社会主义理想信念，主动加强科学文化知识的学习，并利用对新媒体信息加工过程的了解和认识，对信息进行筛选、甄别、质疑和评估。利用好属于"自己"的媒体平台，新媒体提供了大量的自媒体，降低了大学生参与并制造信息的门槛，但需要大学生们增强信息责任意识，加强网络法治观念，加强虚拟社会的道德自律性，加强对信息进行及时、正确处理的能力，加强对信息进行合理加工、创造的能力，加强对信息处理中增加意识形态思想的能力，塑造好高校思想政治教育主体性的一面。

大学生们也应该积极为高校思想政治教育载体创新发挥主体作用，尤其是在利用新媒体带来的交互性特点。多利用虚拟世界的各种方式的沟通，留言、留信、留评论，可以参与活动，参与教育教学的各个环节，尤其是设计环节中提供合理的意见建议，提出合理的需要，促进教学内容的变革。通过各种教学平台，使大学生们做好内容和形式的选择；通过新媒体，主动分享大学生思想政治教育的各种资源，丰富思想政治教育的资源库，尤其是一些音频、视频、电子信息类资源等；通过主动加工、创造一些对大学生群体本身产生教育意义的信息内容；通过自媒体的运用，把好的内容和感受进行发布，对同学们发挥教育功能，进行"朋辈教育"。

三、提升高校思想政治教育载体的整体能力

（一）发挥传统载体的主渠道作用

正如传统媒体在媒体业态中仍然要引领宣传口径，各级主流媒体仍然需要发挥主渠道作用一样。高校思想政治教育的传统载体是被实践所证明了的、具有时效性的，也是我们多年来从事高校思想政治教育工作的宝贵经验的积累，对现在及以后的思想政治教育工作仍然可以发挥重要的载体作用。

传统载体的设计、策划、组织、实施和反馈调整的各个环节，都能够更好的体现高校教育的主导性，能够更好地从源头上把高校思想政治教育的目标、意图进行贯彻，可以更好地发挥新时期的灌输作用，也可

以在渗透性教育中，便于从载体发生作用之初就内嵌上思想政治教育的内容。

（二）传统载体的新媒体改革

在传统媒体正与新媒体进行融合的背景下，中央媒体逐步适应了媒体融合发展大趋势，仍然走在各级媒体的前列，加快推进融合发展进程，焕发新的生命活力。传统媒体正由传统新闻产品生产为主向现代多媒体的新闻信息业态拓展。过去供应文字、图片，今天还供应视频、供应新兴媒体的产品，各个新兴媒体的终端、新华社的自媒体、联播网、新闻互联网集群，包括新华网、中国政府网等网络集群逐渐构建起来。

高校思想政治教育的传统载体要发挥主渠道作用，就需要借助新媒体的力量，在其中植入新媒体的手段、方法和技巧，以新媒体的技术性优势和符合大学生的要求的时代特征，使传统媒体重新焕发生机和活力，继续发挥主流作用。

具体来说，作为传统载体主要形式的高校思想政治理论课可以与多媒体、新媒体进行对接，以多媒体的形式融入图片、影像、动画、声音等形式的信息，营造一个形象立体、活泼但又不失严肃性的教学氛围。在此基础上，借鉴国外的课程教学平台的经验，通过网络平台等技术搭建起网上教学的平台，以全时在线的形式来进行课下学习和课堂的补充，也可以作为教师与学生进行交流的平台、同学们围绕热点问题进行讨论的平台，以传统模式加强传统的思想"灌输"，以"新模块"加强特色栏目，融合思想政治理论课本身所缺乏的趣味性、服务性和互动性，以课程在线的形式来满足大学生对优秀思想政治理论课资源的需求。其他传统载体，也可以广泛对接新媒体，吸取新媒体的载体力量，及时采取学生乐于接受的方式以提高管理效率和管理实效，促进大学生全方位的接受思想政治教育。

（三）新载体的培育与创新

培育专门的资源库，建立起资源共享机制。这样让新载体和传统载体之间可以共享相关资源。一方面便于新载体了解和掌握传统载体所要传达的设计意图、传递的主流价值观念，使新载体不至于偏离传统载体的主流思想、主流价值；另一方面也可以使传统载体丰富已有的资源，在具有资源的权威性优势的前提下，更好地把握大学生的需求和接受特点，把一些活泼的、具有渗透性的、对话式的、共鸣式的、带来体验新感觉的、可参与的新信息和新资源整合进去，让传统载体焕发生机和活力，在更高的平台上发挥主渠道作用。

依托新媒体进行新载体的创新，积极培育和发展一些不同于传统载体的新的载体形式，如积极构筑微载体，建立一些官方的微平台，融入一些民间的微载体；通过微博、微信的交互育人，引领一些微课堂、微传递、微公关、微灌输、微民主等思想政治教育方法，一些交互性的话题，可以由教师发起；也可以由学生发起，通过精准的交流沟通，发挥"贴心""知心"的作用；通过"去官方化"的形式，把问题化解在微小阶段，防微杜渐。

可以依托网络新媒体，构筑起网络教学平台。要构筑起思想政治理论课的课堂教学、实践教学和网络教学的三个平台，共同促进思想政治理论课的实效性。因此，可以将精品课程上网，将课程教学的全过程植入网络技术，一方面可以最大限度地节约教学成本，节约时间和人力；另一方面，也可以引起大学生的学习兴趣与主动性，如一些"学习型游戏"、"严肃游戏"的开发与上线，一些"通关"类的学习过程、慕课的教学方式，通过引起学生兴趣的方式进行学习，润物无声，寓教于乐。

还应该根据学生参与的主动性，深挖新媒体的形式，优化创新，与时俱进，可以通过开通教师微博、班级、年级或其他集体的微信群、搭建兴趣组、教学交互平台、师生交互平台、各级手机报、微信报等新形式，对传统载体发挥重要的补充作用。

（四）载体合力的构筑

新媒体已经成为人们生活的一部分，深深融入了人们生活的各个领域，而且各种媒体业态越来越多地表现为互相融合和适应的特点。目前许多主流媒体的做法是"先上网再见报，先简报再详报，即日采集，及时发稿，抢得先机，覆盖多终端"。新媒体融合的环境下，既要发挥传统载体的主渠道作用，又要发挥新载体的重要补充和技术基础作用，传统载体和新载体需要在更高的平台上精心整合，发挥合力，为高校思想政治教育的实效性发挥作用。

当前，三网融合的业态现状，将电信网络、有线电视网络和计算机通信网络逐渐整合为具有世界统一性的信息通信网络，这将对大学生思想引领的载体整合产生重要影响。大学生的学习、生活和思想的建构过程逐渐融为一体。一方面，将突破局域网的限制，将家长、学校、学生和校外力量整合在一个平台上，可以围绕大学生思想政治素质的提高发挥合力作用；另一方面，多种手段和多种载体的整合，有利于形成一个全方位、全时段、全领域、全过程的高校思想政治教育载体，持续、多样地发挥作用。

云计算技术，将资源的整合和按需分配、扩展分配变成高校思想政治教育的资源获取手段，在一定程度上打破了各高校之间的资源分布不均匀、更新速度慢、更新成本高等问题，在很大程度上促进了教学资源的共享性。当然，要实现云计算在高校思想政治教育中的作用，需要通过建立平台，整合各高校图书馆资源，整合高校特色资源，建立各高校之间的信息员制度和云协同制度，避免出现思想政治教育"资源孤岛"的现象。

物联网技术的使用，可以将交通、建筑、水电气、消费品等各种物体进行整合，可以实现人与自然物、人与物的系统整合，有人称之为"全物质媒体化"。也可以将大学生们的消费状况、事务管理、实物管理整合在一起，借阅、就餐、门禁、自习、洗衣、用电、用水、洗澡、上网、上课等环节都可以通过物联网技术进行整合和分析，并作为了解和引导大学生思想政治状况的重要载体，也可成为高校加强思想政治教育的辅助手段。

四、加强高校思想政治教育载体的创新管理

（一）加强新载体创新的主体管理

1. 让使用主体在法治化轨道上创新运用新载体

网络不是法外之地，任何国家都要加强网络的安全监管工作和网络

执法工作。新媒体的互动直播等功能，在很大程度上促进了高校的民主建设，也促进了大学生们的民主热情和民主参与，极大地促进了大学生公民权的发挥，也极大地促进了信息传播的速度、规模和对象的无差别化，但也加大了法治监管的难度。有效加强对新载体使用主体的管理，要进一步培养他们的法治观念，形成网络安全意识，加强他们的法治、规范意识，确保新载体的创新要在符合法律法规的前提下进行。

2. 培育并管理好代表人物和网络偶像

新载体容易培养一些教师、学生群体中的代表人物和网络偶像。他们往往有着数量庞大的粉丝，对大学生思想政治教育的作用很大。当他们能够传播正确的世界观、人生观和价值观时，便扮演了十分重要的教育者角色，但当他们传播错误的观念和思想时，便发挥着极大的反作用。因此，要抓住这个新载体中的"关键少数"，就要做好代表人物和网络偶像的管理工作，即及时进行培训教育，加强他们的责任意识、法治意识和法治观念。

（二）加强新载体创新的形式管理

1. 实行严格的登记管理制度

我国高校思想政治教育的载体不同于纯粹商业载体、纯媒体载体，其从设计之初就是严肃、规范而且负载着高校思想政治教育内容和目的的载体。它可以具有生活化的形式，但其形式设计、形式论证、形式审批、形式管理、形式改变等都要在严格的审核管理程序下进行。

2. 交互式载体的形式管理

交互式载体，如微博、微信等载体，可以加强信息传播的直接性和互动性，避免信息在传输过程中失真走样，也迫使教育工作者由管理者身份逐渐过渡到服务者身份，为学生服务、为学生排忧解难的功能更加明显。在此过程中，管理要注重程序，尤其是对学生的反馈时间要有明确规定，否则就会使交互性受阻，要对过程建立监督机制，避免管理者传递的信息有误或存在不良的教育管理行为，避免交互过程中的争执和矛盾升级。

3. 避免不良形式的出现

一些不良载体的出现，也会对高校思想政治教育产生负面影响，高校也应该采取严格的管理措施，避免诸如快播、翻墙等不良形式向高校大学生的渗透。

（三）加强新载体创新的内容管理

1. 内容为主是传统媒体时代的铁律

虽然当前新的传播技术和传播渠道层出不穷，但是高品质内容的产品仍然是媒体机构在新时代生存发展的根本，且将在未来媒体发展中起到关键作用。

加强主流内容的阵地意识，通过主流价值观念在新媒体内容上的渗透，营造出主流内容的主导氛围，创新内容载体，打造"主流内容"，并及时占领宣传舆论阵地，占领高校思想政治教育载体的阵地，形成主流内容的传播氛围，更大程度上发挥新载体的正向功能。

2. 对新载体内容同样要实行实时监测制度

新载体的海量信息中，良莠不齐、信息发布者身份复杂、目的多元、变化迅速且方向多样。要随时关注各级各类论坛、微博、微信、邮件、QQ甚至物联网的各项内容，对大学生群体进行舆情监测，避免出现网络躁动、信息串联、集体失范行为，及时发现一些不良情绪、不良思想和不良行为，及时介入进行引导，必要时做好及时的公关处理。建立起群防机制，对不良信息、不实言论要及时发现、及时上报、及时肃清，形成发现、上报、解决、反馈的系统工作机制。

3. 对不良内容及时反击

许多虚假信息具有欺骗性，广大信息受众很难辨别真假，因此，需要官方的及时澄清、及时应对、及时反击。同时，高校也需要利用一些资源优势，加强对不良思潮和表现形式的坚决反击。

第六章 高校思想政治教育队伍的创新建设

高校思想政治教育工作教师（以下简称"高校思想政治教师"）是对大学生进行思想政治教育的骨干力量，是大学生健康成长的引路人和指导者；是学校人才队伍的重要组成部分；是保证高等教育事业持续健康发展不可或缺的重要力量，在高校思想政治教育工作中发挥着不可替代的作用。随着知识经济时代的到来，高校对人才培养质量提出了更高的要求，积极拓宽素质教育渠道，培养和造就适应时代需要的富有创新精神的高素质人才，已成为当今高校思想政治教育工作的主旋律。这给高校思想政治教育工作的开展带来了一定的难度，对高校思想政治教师的工作提出了更高的要求。因此，在新时期进一步加强和改进高校思想政治教育工作，关键在于建设一支高素质的高校思想政治教师队伍。

高校思想政治教师在长期的高校思想政治教育工作中，为祖国的富强和民族的振兴呕心沥血、默默奉献，为我国社会主义现代化建设事业培养成千上万合格的人才以及对我国精神文明、物质文明和政治文明的建设与发展作出了卓越贡献。

近年来，在党和国家的关怀和重视下，高校思想政治教师队伍建设取得了较为明显的成效。国家制定并出台了一系列的相关政策和法规，建立并完善了培训制度和培养体系，促使高校思想政治教师队伍整体素质明显提高，管理体系初步形成，育人手段不断创新，建设环境有所改善，发展思路更加明晰，在许多方面都取得了明显成效。从整体上说，高校思想政治教师队伍是一支政治素质、思想素质、业务素质和心理素质等各方面都比较过硬的队伍。

但是，高校思想政治教师队伍建设还存在一些不足，如有关法律法规还不够完善，部分高校思想政治教师缺乏坚定的人生信念。高校思想政治教师存在地位偏低、结构不合理等问题。因此，在新形势下，高校思想政治教师队伍建设仍然面临着前所未有的挑战。这种挑战主要来自以下三个方面。一是国际国内政治经济形势的深刻变革对人的思想素质的培养提出了更高的要求；二是现代科学技术特别是信息网络技术的迅猛发展，使思想道德教育、育人环境受到极大的冲击；三是教育对象逐渐显示出新的特点。这就要求思想政治教育工作必须具有更强的针对性和使命感。面对如此严峻的挑战，究竟建设一支怎样的高校思想政治教师队伍才能适应当前形势的需要，已成为做好高校思想政治教育工作亟待解决的一个重要课题。

本章从我国高校思想政治教师队伍建设现状、建设意义出发，明确了高校思想政治教师队伍建设的指导思想和目标。从政治理论素质、思想道德素质、能力素质等方面出发论述了新形势下高校思想政治教师应具备的素质要求，着重围绕领导重视、完善机制、严格选拔、明确职责、加强自身修养、强化培训、科学考核以及合理分流八方面提出了加强高校思想政治教师队伍建设的对策。

第一节　思想政治教育队伍建设的意义与强化

高校思想政治教师是引导学生树立唯物主义世界观、人生观、价值观的重要力量。其职责是以科学的世界观、人生观和价值观教育学生，帮助学生树立建设中国特色社会主义的共同理想，引导学生坚持党的基本路线，全面提高学生的素质，促进其和谐发展，把学生培养成社会主义事业的建设者和接班人。改革开放四十多年来，在党和政府的高度重视下，随着政治、经济体制改革的不断深入和高等教育事业的飞速发展，高校思想政治教师队伍建设进入了一个崭新的阶段，取得了比较明显的成绩，但也存在一些问题和不足。

一、高校思想政治教师队伍建设取得了比较显著的成绩

（一）国家制定并出台了一系列高校思想政治教师队伍建设的政策和法规

教育部把对高校思想政治教师的配备数量和要求纳入教育部本科教学评估指标体系，与其他办学工作一并参加评估审查。评选高校思想政治教育工作优秀成果奖，以适当方式定期表彰全国优秀高校思想政治教师；不少地方和学校陆续出台了相关政策和规定，为维护高校思想政治教师的合法权益，提高其地位，提供了法律保障和政策支持，促使高校思想政治教师队伍建设走上了法治化、规范化的轨道。2013 年，国家建立了首批 12 个"全国高校思想政治理论课教师的社会实践研修基地"，旨在推动高校思想政治理论课教师的社会实践研修活动制度化。此举充分体现了党和政府对加强思想政治教师队伍建设的重视，不仅有利于提高思想政治教师工作的知识水平和理论水平，还极大提升了高校思想政治教师的管理水平。

（二）高校思想政治教师队伍素质有了明显的提高

高校思想政治教师队伍经过数年的建设，成员素质明显提高，涌现出一大批求真务实、精于业务、勤于育人、乐于奉献、锐意进取和勇于创新的先进典型。从整体上看，目前高校思想政治教师队伍的本质和主流是好的；在政治上，绝大多数高校思想政治教师热爱党、热爱祖国、热爱社会主义，政治信念坚定，政治态度鲜明，对重大问题有着清醒的认识；在工作上，绝大多数高校思想政治教师思想活跃、善于探索，并且不畏清贫，无论在哪种环境下，都能坚守岗位，认真履行教书育人的光荣职责，把大学生思想政治教育工作的圆满完成视为自己生命价值的重要体现，充分发挥自己的工作热情和创造力；在心态上，绝大多数高校思想政治教师思想比较稳定，具有一定的亲和力和凝聚力，对工作和前途充满信心。可以说，这是一支政治素质、思想素质、业务素质和心理素质等各方面都比较过硬的、精干高效的队伍。在长期的思想政治教

育过程中，高校思想政治教师在全面贯彻党的教育方针、提高学生政治思想道德素质、促进高校改革和发展以及维护学校和社会稳定等方面都发挥了不可替代的作用，为我国社会主义建设事业培养了大量人才，并为促进我国物质文明建设、精神文明建设和政治文明建设作出了突出贡献。

"问渠那得清如许，为有源头活水来"。正是一批又一批高校思想政治教师的辛勤工作，逐步形成了高校思想政治教师队伍的深厚积淀和光荣传统，这些传统为每一位高校思想政治教师指明了前进的方向，并使后来者于潜移默化中学到了许多基本的社会工作方法和为人做学问的本领。但是也应注意的是，随着国际国内环境的变化和高等教育事业的快速发展，高校思想政治教育工作的环境、对象、内容和任务都发生了深刻变化，思想政治教师队伍建设也出现了许多亟待解决的新问题。

二、高校思想政治教师队伍建设中存在的问题

（一）学历偏低，专业单一，队伍结构不合理

由于传统原因和现实因素，目前高校思想政治教师基本上以大学本科学历为主且多数是留校学生，学历普遍偏低，在思想政治教育专业毕业的寥寥无几，与高校改革和发展的需要不相适应。多数高校思想政治教师参加工作后没有经过专门、系统的岗位培训，专业单一，缺乏科学管理知识和思想政治教育专业技能，因而分析和解决新形势下出现的新问题的能力比较弱，常常出现工作滞后的现象；多数高校思想政治教师不能有的放矢地结合自己的工作性质博览群书、储备知识，造成知识面狭窄，缺乏思想政治教育工作的针对性和穿透性，不能及时根据形势的变化和学生的实际更新和储备知识，拓展新的知识领域和知识面。上述种种原因导致高校思想政治教师面对学生中出现的一些热点和难点问题，难以站在理论高度予以释疑解惑。特别是在当今知识经济初见端倪的形势下，面对学生对新知识、新科技强烈的学习愿望，自身的影响力、说服力、凝聚力受到了削弱，难以真正成为大学生思想上的引

路人。

（二）队伍不稳定，工作热情不高，流失现象严重

目前，各高校有相当一部分思想政治教师，特别是青年思想政治教师，对从事思想政治教育工作缺乏应有的热情和坚定的思想基础，缺乏相应的系统理论知识与正确的认识。近几年，随着高等教育改革的不断深化以及高校竞争机制的引入，相当数量的高校思想政治教师开始担心所从事的思想政治工作会影响自己今后的发展或担心年龄大了届时转岗困难等，从而思想压力大，后顾之忧渐甚。还有一批年龄小的思想政治教师选择报考研究生，致使高校思想政治教师队伍不稳定，师资流失现象十分严重。

（三）职责不清，地位偏低，不被重视

部分高校领导存在重教学科研，轻思想政治教育的现象，对思想政治教育工作的科学性、重要性及规律性认识不足，对思想政治工作是否要专业化与职业化，认识上有片面性，甚至认为其工作虚而不实，华而不实，导致高校思想政治教师在职责和任务上很不明确。用一位思想政治教师的话来说他们既是教师又是干部，"但往往是教学科研队伍的软肋，是干部队伍的另类"。高校思想政治教师在工作职能上承担事务性工作比较多，思想政治教育职能发挥不够，甚至成为办事员、勤杂工和"保姆"。"两眼一睁，忙到熄灯"，真正花在本职工作上的时间和精力并不多。同时，高校思想政治教师受所从事专业的限制，在工作成果讲评、科研课题确定、学科带头人评定等方面都处于劣势，使之与其他专业课教师相比，科研能力相对薄弱，科研成果较少，所以尽管他们尽职尽责、勤奋努力，但在职务晋升、职称评聘中仍落后于同期毕业从事教学和科研工作的同学，从而影响其工资收入及住房等方面的待遇。久而久之，这种状况势必影响其工作积极性，进而影响整个思想政治教师队伍的建设。

（四）学员结构不合理，活力不够

由于高校思想政治教师多数为留校生，他们只是从其师长身上学到

了高校思想政治教师是如何做的，根本没有机会领略其他学校的工作方法，因而工作没有新思路和新方法，无法注入新的活力，新创造、新文化很难形成。同时留校的高校思想政治教师，面对的是自己的领导、老师和师弟师妹，工作受束缚，不能放开去做，对老师和领导唯命是从，对师弟师妹放纵宽容，容易形成小团体，致使学校工作难以开展。

（五）少数高校思想政治教师政治立场不坚定，理想信念淡薄

在国际国内政治经济状况发生新变化的形势下，一些高校思想政治教师淡化了自身对正确理论的学习，是非观念不够鲜明，立场不够坚定，理想信念淡薄。因此，在思想政治教育工作中，一些高校思想政治教师很难引导学生树立正确的世界观、人生观、价值观，更有甚者在学生面前随意发表个人不正确的观点，不注意给学生带来的影响。此外，一些高校思想政治教师对政治缺乏热情，不能给学生作出表率，这些势必也会对大学生的思想产生不利的影响。因此，如何加强理想信念教育是高校思想政治教师队伍建设亟待解决的重大问题。

第二节　思想政治教育工作者的媒介素养建设

在新形势下，高校思想政治教师队伍建设所处的环境已经发生了很大的变化。从大环境方面看，国际政治经济新秩序正在形成，我国社会主义建设事业正处于崭新的发展阶段；从小环境方面看，高校各项改革正在稳步向前推进，德育教育全球化、学校管理自主化、知识传输信息化、办学体制市场化、相互竞争激烈化、教育对象复杂化正成为新时期高校的显著特点。面对新形势、新任务、新要求，高校思想政治教师要更好地适应时代发展的需要，完成自身肩负的历史使命，勇敢应对各类挑战。

一、国际国内形势的变化对高校思想政治教师提出了更高的要求

当前国际国内政治经济格局正在发生重大变化，致使高校思想政治

教师队伍建设面临着一系列新情况和新问题。

（一）经济全球化对高校思想政治教师提出了更高要求

国际政治经济格局的变化，最集中体现在经济全球化趋势中。经济全球化对各国的意义在于使各个国家都尽可能在整个世界范围内，进行本国资源的优化配置，获得最佳的经济效益。对广大的发展中国家来说，要实现经济跨越式发展，就必须参与经济全球化。这与其说是一种理智的行为，不如说是一种唯一的选择：如果不参与，必将走向末路。它一方面有可能使各国实现资源的更优配置；另一方面由于发达国家在各方面所处的优势以及霸权主义的作用，很容易使发达国家与发展中国家之间产生不公正、不公平、不合理的分配，导致世界范围内经济两极分化现象的加剧。同时，世界经济全球化趋势与政治格局变化之间有着紧密的互动关系。对发展中国家来说，在经济全球化的竞争中，面对世界政治格局的急剧变化，如何维护国家主权、国家利益、国家安危具有更重要的意义。当今国际政治经济格局的这些新变化，对人们思想政治素质的培养提出了更高、更新的要求。所培养出的人，一方面要能够了解经济全球化的走势，能够适应和参与经济全球化的运作；另一方面又要能够深刻理解世界经济政治格局变化的性质及趋势，能够冷静应对这一变化过程中可能出现的各种不同的复杂局面。从人的素质角度看，既要有现代科技、运营管理等方面的知识和素质，又要有维护国家主权、维护国家利益和国家安全的政治素质以及热爱祖国、热爱集体、热爱社会主义的思想素质，这些不仅是高校思想政治教师队伍建设面临的新内容，而且是必须加以解决的新课题。

（二）市场经济对思想政治教育工作的冲击使高校思想政治教师面临新挑战

我国正处于改革开放的新时期，市场经济制度的确立使社会发生了翻天覆地的变化。这一制度的确立必将带来经济成分和经济利益的多样化、收入分配方式的多样化、社会生活方式的多样化等多方面的变化。同时也必然带来社会上一些人在观念上和行为上形形色色的不同表现。一些错误观点和行为通过各种途径涌入学校，对教师和学生难免产生消极的影响，使部分教师和学生对一些基本理论产生模糊认识。因此可以说，在以经济建设为中心的社会发展时期如何正确认识和处理经济与政治、经济发展与思想道德升华、经济增长与人的全面发展之间的关系，成为高校思想政治教师需要潜心研究和探讨的重大课题。

（三）精英教育向大众教育转变使高校思想政治教师的工作难度增加

自二十世纪九十年代末期高校开始扩招以来，高校在校生人数迅速增加，高等教育由精英教育逐步向大众教育转变。高等教育的大众化，使学生入学时的基本素质相对有所下降。原本在精英教育时代被排斥在大学校园外的学生，一些在中学里没有养成良好学习习惯、学习目的性不强，甚至厌学的学生纷纷涌入大学校园。同时，学生中的独生子女越来越多，他们的学习适应性、生活自理能力极差。这些无疑给高校思想政治教师的工作增加了难度，并对高校思想政治教育提出了新的要求。

特别是近几年高校在校生人数出现了较大数量的增加，给高校教学、管理、后勤等工作带来了更大的压力，提出了更多考验。为保证教学、生活的秩序，维护高校的稳定与发展，建设一支政治素质好、工作扎实的高校思想政治教师队伍势在必行。

二、应对现代科学技术发展对传统教育模式和人才培养方式的冲击

现代科学技术的迅猛发展以及由此引发的社会生产力的巨大变化，在极大地丰富社会物质财富，扩展人类生活空间，改善人们生活质量的同时，也深刻地影响着人们的意识形态。人们易于产生崇尚物质力量而轻视精神力量，热衷物质创造而忽视政治方向，关注物质世界而忽视自身修养等倾向。由此应该看到，在现代科学技术迅猛发展的条件下，伴随着网络信息文化的出现，人们的传统思想、传统习惯和传统操作方式在方方面面都会受到巨大而深刻的影响，生产方式、生活方式和思维方式也将面临重大变革。这必将改变传统的教育模式和人才培养方式，给高校思想政治教师队伍建设带来新的挑战。

（一）传统思想政治教育模式已不适应新时期人才培养的需求

长期以来，高校思想政治教育工作往往采取以正面灌输教育为主的教育方式，对形形色色的社会思潮往往采用"堵"的应对办法，禁止学生接触，让学生处于封闭状态；管理手段也局限于开会、谈话等接触的方式。但随着知识经济和信息时代的到来，信息技术迅猛发展，网络文化、多元化文化渗透到社会方方面面。学生的生活空间、交流空间处于开放状态，学生的选择范围、交流手段等不一而同。故而那种单一的思想教育方式、简单的管理手段已经很难再解决学生的思想问题了，也无法教育、引导学生健康成长。也就是说，过去形成的防御型、任务型、被动型的思想政治教育管理模式，严重影响和制约了素质教育的实施与效果，已不再适应新时期人才培养的需求。

（二）网络技术的发展要求改变传统的人才培养方式

二十一世纪是一个高度信息化的时代，其主要特征是信息网络化。信息技术的蓬勃发展使经济全球化、政治多极化、教育国际化的趋势变得更为突出。网络信息技术在全球的迅速扩散，使人类社会面临着一场全方位的、意义深远的革命。当前，互联网已将大学生置于一个广袤无垠的网络空间中。网络以其开放性、互动性和迅捷性等优势赢得了大学生的普遍青睐和追逐。大学生正经受着前所未有的影响与冲击，他们的世界观、人生观、价值观和生活方式日益受到网络的影响，大学生对"网上冲浪"更是乐此不疲。网络的互联性彻底改变了人们被动接收信息的方式，实现了信息的双向交流，调动了学生学习的积极性，提高了教育效果；网络的开放性丰富了思想政治教育的资源和视野；网络的迅捷性可以使高校思想政治教师及时发现学生中存在的思想问题，并采取措施加以疏导。信息网络的出现以及在教育领域中的运用，给高校思想政治教育工作的手段、方式、条件、效果乃至教育价值观都带来了全新的变化和发展。因此，更新传统的教育方法、管理手段，创造全方位的教育环境，充分利用先进的技术手段特别是网络技术，多方位了解大学生的思想，对他们进行科学有效的引导、教育和管理，显得愈发重要。

只有这样，才能扩大思想政治教育工作的覆盖面和实效性，才能应对好信息技术的发展给学生思想政治教育工作带来的严峻挑战。

（三）网络信息的多样化使思想政治教育的原则受到极大冲击

可以说，信息网络是发达资本主义国家在政治、经济、文化和思想意识形态上进行新殖民主义扩张和精神污染的重要渠道。而大学生正处在好奇心强、求知欲旺盛，易于接受新鲜事物的年龄阶段，因而极容易受到这种思潮的影响。可以说，网络的发展给育人环境的可控性造成了极大的影响。网络文化的发展使人们接受事物的环境完全处于开放状态。过去由于信息技术不发达，大学生能够接触信息的方式主要是报纸、电视、广播，学校和高校思想政治教师可以对这些载体传递的信息进行取舍，将不正确的、不恰当的信息删除，甚至可以直接参与信息的制作。

（四）网络交际使人际交往产生新的障碍

在网络中，上网者的行为常常是在"世外桃源"的环境下进行的，人与人之间的交往不是面对面、实实在在的交往，而是在虚拟的环境下进行的，人人都可在网络中乐自己之所乐，想自己之所想，做自己之所做。因此，过多地与网络打交道，必然会影响和改变大学生的生活方式，使之产生新的人际障碍。长此以往，难免造成性格孤僻冷漠、人际关系淡漠、人际交往疏远，产生新的心理困惑，如现在有的大学生长期沉迷于网络之中，经常脱离班级和集体，陷入疏懒、空洞、倦乏的心理亚健康状态；有的沉迷于网上交友或网络游戏，对现实社会中的人和事淡漠，即与网友"天涯若比邻"，与同学和老师却"比邻若天涯"；有的面对瞬息万变的现实社会不知所措，有的甚至连国家大事都不予关心，专心留意花边新闻、小道消息等。如此这般，导致大学生无法安心学习，甚至出现心理问题。

（五）学分制、公寓化管理对高校思想政治教师的工作提出了更高的要求

随着市场经济的不断深入，我国的教育体制也发生了相应的改变，

以人才培养为目标的高校教学管理制度也发生了变化。一种以注重学生个性发展，符合学生个性发展，具有学习内容选择性、学习进程弹塑性的学分制模式应运而生。学分制的全面实施，一方面使学生的主体地位得到了充分的体现；另一方面，在给学生创造宽松环境的同时，由于学生缺乏自主学习的能力，容易使之产生学分制就是给予充分自由的误解，致使少数学生怠慢学习，无限度地放飞自我。同时，由于各高校都实行了公寓化管理，学生的生活条件得以改善，加之有的高校将公寓私人化，致使学生管理双重化，造成学生产生逆反心理，不听指挥，不服管理，这些都给高校思想政治教师的工作带来了难度，向他们提出了更高的要求。

三、加强高校思想政治教师队伍专业化、职业化建设的需要

（一）顺应我国高等教育发展的趋势和要求

随着我国科教兴国理念不断深入人心，高等教育已成为国家科技进步、经济发展的重要支撑。近年来，我国高等教育快速发展，呈现出五大发展趋势。第一，发展方向大众化。由于我国经济的快速发展，民众对高等教育的需求日趋旺盛，经过连续多年的扩招，我国的高等教育已由"精英教育"走向"大众化教育"。第二，办学方式多元化。一是办学体制多元化，二是投资渠道多元化。第三，办学模式市场化。由于市场经济体制的确立，高校价值的确认越来越注重社会的认可。高校的毕业生要接受社会的严格挑选，高校的科研成果同样要接受市场的严格选择，高校正从"象牙塔"走向社会，并最终完全融入国民经济的主战场。一些高校的专业设置、招生就业越来越考虑社会的需求。高校与高校之间、高校与科研院所之间、高校与企业之间的分割正在被打破。第四，办学途径国际化。随着科技的不断发展和经济全球化步伐的加快，特别是加入世贸组织后，我国高等教育得以更加广泛地参与全球范围内的教育服务竞争之中。国内高校与国外高校、研究机构间的国际交流合

作空前活跃。第五，办学手段信息化。信息技术的应用与普及较早地在高校得以实现。现代信息技术渗透到了高校教学、科研的每一个环节并改变了传统的教学模式，大幅度提高了教育资源的利用效率，多媒体教学、数字化校园、网上大学已被人们所熟悉，我国高等教育正全面走向信息化。

（二）高校思想政治教师队伍的专业化、职业化建设还不能适应发展的要求

自高校实行扩招以来，学生成为高等教育的"用户"和"消费者"，大大改变了其对原有大学教育和学生工作的态度和评价。学生有较强的平等意识、公民意识、法律意识，他们比以前更关注自身的合法权益，比以前更懂得运用法律来保护自己的权利。因此，高校思想政治教育的强度、难度明显增加。尽管高校思想政治教师队伍一直在进行着专业化、职业化的建设，但仍存在着职责不清、素质不高、结构不合理、管理不规范、流失严重、队伍不稳定和出口不畅等弊端，这种状况远远不能适应高等教育发展的要求。因此，必须加强高校思想政治教师队伍专业化、职业化的建设。

（三）高校思想政治教师队伍建设专业化、职业化的内容及要求

高校思想政治教育工作是一项育人工程，既有自身的规律和特点，又有很强的专业性。高校思想政治教师是思想政治教育工作最直接的承担者，其队伍建设必须实现专业化，这是由大学生的特点和形势发展所决定的，是适应思想政治教育新形势的客观需要。

所谓专业化是指经过专业培训的专门人员专门从事某项工作并不断提高的过程。高校思想政治教师队伍建设专业化，不仅仅指一般狭义上的专业化，即高校思想政治教师要成为以学生思想政治教育工作为职业的专业型人才；还包括广义上的专业化，即高校思想政治教师应该面向职业生涯规划、心理咨询、就业指导等方面，向专家学者方向发展。这

就要求高校思想政治教师必须承担一定的教学和科研工作。有条件的学校要对高校思想政治教师进行教学培训，安排他们承担思想政治教育理论课、形势政策课或人文类公共选修课的教学，同时学校应鼓励高校思想政治教师结合自身工作，积极申报思想政治教育或党建课题，承担一定的科研工作，从而使高校思想政治教师在教学、科研的磨砺中，不断充实自己、完善自己、发展自己，逐步实现向专家型的跨越。

高校思想政治教师职业化建设不仅要研究高校思想政治教师的职业"出路"，更应着力研究如何增强思想政治教师岗位的职业吸引力，如何增强他们工作的事业感、成就感，如何构建他们职业的人生价值。同时，也要逐渐消除高校思想政治教师"出路在于转行"的观念，逐步完善高校思想政治教师"岗位成才""岗位发展""岗位奉献"的激励机制，建立包括考核、奖惩、晋升等在内的一系列思想政治教师培养长效机制，从而强化高校思想政治教育工作的职业化。

所谓职业化，就是建立高校思想政治教师职业的准入机制，严把进门关，选拔高质量的人才进入到高校思想政治教师队伍中来。建立高校思想政治教师职业培训机制，通过岗前培训、调研学习、学历学习等各种形式，加强对高校思想政治教师的培养，在工作实践中提高高校思想政治教师能力；建立高校思想政治教师职业考核机制，明确其职责，根据高等教育发展的需要和大学生的特点对高校思想政治教师进行定期的考核与淘汰；建立高校思想政治教师职业晋升机制，对考核中表现优异的高校思想政治教师要积极向学校组织部门推荐，使其成为党政后备干部培养对象，在学校选拔干部时优先考虑，从而吸引一大批优秀人才加入高校学生思想政治教育工作行列。

四、新时期高校思想政治教育工作需要有较强的时代感和更强的针对性

（一）当代大学生的思想特点要求高校思想政治教师改变传统的思维方式

当前，大学生群体已经发生了新的变化，他们中大多数是独生子

女，成长于改革开放的新时代，对生活的体验和感受，对个人在社会中的定位，对事物的看法和认识都具有鲜明的时代气息。当代大学生的特点是锐意进取、蓬勃向上、勇于创新、乐于表现、富有正义感和人生追求。他们有着强烈的"成人感"却缺乏生活自理能力，有争强好胜的自我表现欲却常常显得急功近利，渴望获得成功却缺乏应对挫折的心理准备，希望他人善待自己却缺乏协作和奉献精神，追求高品质生活却缺乏艰苦创业的精神，在待人处事时往往表现得过于幼稚，以自我为中心，缺乏责任感，任凭感情用事。针对当代大学生的特点，高校思想政治教师应改变传统的思维方式，转变工作理念，创新管理模式，与时俱进，牢固树立"育人为本，德育为先"的理念，树立"一切为了学生，为了一切学生，为了学生一切"的理念，使其工作可近——以情感人，可信——以理服人，可亲——以诚待人，可行——贴近实际、实践育人。

（二）新时期要求高校思想政治教师的工作具有更强的针对性

当代大学生的不良习气有所增加：重学习轻修养，致使思想道德素质与科学文化素质发展不平衡、不协调；重理论轻实践，致使理论与实践相脱离，束缚和阻碍了自身的成长和发展；还有重个人成才轻社会需要，重自身价值轻社会价值等。在处理树立远大理想与艰苦奋斗的关系上，由于当代大学生是在改革开放和社会主义现代化建设新时期成长起来的，他们没有经过建国创业艰难的历练，没有经历一穷二白的磨砺，他们有的是从学校到学校的简单阅历，是更加优越的生活条件，是对开放时代外面精彩世界的片面了解，是父母亲朋的娇惯和宠爱。他们虽富有理想，向往未来，但不了解国情，对建设富强民主文明的社会主义国家缺乏深刻认识，缺乏长期艰苦奋斗的思想准备，缺乏面对挫折百折不挠的坚强意志。因此，如何针对学生思想实际，融入新的教育模式和教育理念，用自己的好思想、好品格、好作风有的放矢地开展思想政治教育工作，是每一个思想政治教师都必须解决好的重要的现实问题。思想政治教师必须充分契合当代大学生思维活跃，对新事物、新思想接受能力强的特点，主动贴近学生的思想实际，对其进行针对性的教育，才能切实增强思想政治教育的实效性。

第三节　思想政治教育工作者的心理素质建设

高校思想政治教师队伍建设面临着众多的挑战，为切实解决好高校思想政治教师队伍建设中遇到的困难和问题，必须进一步明确工作思路，明晰工作目标，抓住重点，加强学习，寻求行之有效的方式方法，创造性地开展工作。

一、加强高校思想政治教师队伍建设的目标要求

高校思想政治教师队伍建设，要认真贯彻中共中央关于加强和改进高校思想政治教育工作的精神，以《中华人民共和国教师法》《中华人民共和国高校教育法》和中宣部、教育部《关于进一步加强高等学校思想政治理论课教师队伍建设的意见》（教社科〔2008〕5号）为依据，以着重培养高校思想政治教师骨干为重点，坚持依法治校，深化改革，优化结构，促进发展的方针，遵循搞活、创新、高效的原则，建立有利于高校思想政治教师合理配置和优秀人才脱颖而出的有效机制。

当前和今后一个时期，高校思想政治教师队伍建设的目标是：适应新形势下做好青年大学生思想政治教育工作的需要，打破传统思想观念的束缚，树立竞争意识，形成能上能下、能进能出的公开、平等、择优的用人机制；树立开放的观念，促进教师合理有序流动，资源共享；树立队伍构成多元化的观念，使队伍保持较强的活力；建立健全高校思想政治教师队伍建设的机制体系，优化高校思想政治教师的学历结构、年龄结构、职称结构，提高队伍的整体素质，完善选拔聘任制度，加强培训，科学考核，公正评价，确保队伍稳定健康发展，从而推进高校思想政治教师队伍建设的科学化。

二、新时期高校思想政治教师队伍整体素质要求

提高高校思想政治教师队伍整体素质，构建符合时代要求的、具有

自身特征的高校思想政治教师队伍，是开展高校思想政治教育工作的迫切要求，是新形势下加强高校思想政治教师队伍建设的关键所在。高校思想政治教师是高校思想政治教育工作的策划者和执行者，他们的价值取向、精神风貌和思想道德水准等整体素质直接影响着学生的素质培养。因此，作为高校思想政治教师必须具备政治、品德及能力三项核心素质，其中，政治素质是做好工作的前提，品德素质是有力保障，能力素质是基本平台。

（一）政治理论素质

政治理论素质是高校思想政治教师必备的首要素质，是高校思想政治教师的灵魂，也是高校思想政治教师的法宝和力量源泉。思想政治教育本身是一项综合性很强的社会实践活动，有其内在的规律和理论体系，并与其他理论相关联，因此，高校思想政治教师必须具备相应的政治理论素质，才能做好本职工作。

当前，经济发展虽然呈现一体化、全球化和信息化趋势，但意识形态领域的竞争，不仅没有消失反而更加激烈和隐蔽。因此，我国高校思想政治教师必须加强理论研究，深刻领悟党的基本路线、方针和政策，从而真正做好大学生的思想政治教育工作。高校思想政治教师必备的政治理论素养有如下几点。

1. 鲜明的政治立场

高校思想政治教师必须具有鲜明的政治态度、坚定的政治立场和较高的政治理论素养。坚持四项基本原则，坚持改革开放政策，自觉拥护党的领导。任何时候、任何场合都要自觉地坚持社会主义政治方向，始终站在人民群众的立场上，在政治上与党中央保持一致，做一名思想坚定、头脑清醒的社会主义的捍卫者和引路人。

2. 坚定的理想信念

理想信念是人们所追求和向往的目标，是政治立场和世界观的集中反映，也是人们的精神支柱和力量源泉。崇高的理想信念会激发人们的热情，振奋人们的精神，鼓舞人们的斗志，帮助人们形成良好的道德情操。实现共产主义是我们党的最终目标，也是人类社会历史发展的必然方向。新时期高校思想政治教师只有立志为社会主义、共产主义事业献身，才能把本职工作和历史发展趋势结合起来，才能产生自豪感和使命感，才能使学生真正"诚学之，笃信之，躬行之"，从而收到良好的思想政治教育效果。

3. 牢固的法治观念

高校思想政治教师必须具有牢固的法治意识、坚定的法治观念、明了的法治行为。这是时代的需要，也是高校思想政治教师的职责要求。中国传统文化中存在"人治而非法治"的思想，民众的法治观念比较淡薄，人治思想比较严重，几千年的人治习惯直到今天仍大有市场。但是，从人治走向法治是中国社会发展的必然趋势，为此，中国共产党将依法治国、建设社会主义法治国家确立为领导人民治理国家的基本目标之一。这样，社会主义法治教育也就成了高校思想政治教师工作的重要内容之一。高校思想政治教师要对学生进行法治教育，首先自己要学法、知法、守法，以法治的眼光、法治的立场，分析问题、解决问题。只有这样，才能使学生树立法治意识，接受法治教育。

(二) 品德素质

品德是人们在社会生活中共同遵守的行为准则，"德为师之本，师者需高德"。在大力实施"以德治国""以德治教""以德育人"的新形势下，提高高校思想政治教师的师德水平，直接关系到高校思想政治教育的成效和大学生素质的提高，影响到高校培养社会主义事业接班人历史使命的完成。高校思想政治教师良好的道德品质和作风，如热爱本职工作、乐于奉献、以身作则、吃苦在前、享乐在后等，有利于促进师生之间的理解和相互信任，有利于建立良好、和谐的师生关系。因此，高校思想政治教师必须具备良好的品德素质，具体包括如下几点。

1. 崇高的思想品德

高校思想政治教师应该树立国家利益、民族利益高于一切的观念，摆正个人利益、集体利益、民族利益和国家利益的关系；应具有强烈的事业心和责任感；能够运用辩证唯物主义和历史唯物主义的基本观点，观察问题、分析问题和解决问题。有了这样的思想品德意识，才能更好地开展思想政治教育工作。

2. 爱生敬业精神

爱生敬业精神集中表现为大公无私、先人后己、甘为人梯、乐于奉献，在工作上表现为认真负责、踏实肯干、勤奋敬业、不畏艰难，在业务上表现为精益求精、刻苦学习、积极进取、勇于开拓。崇高的爱生敬业精神是高校思想政治教师的神经中枢，敬业爱生之德是做好学生思想政治教育工作的动力。为此，高校思想政治教师应牢固树立"为了一切学生"的理念，真心实意地关心、爱护每一位学生，做学生的知心朋友和心理辅导者，关心学生的思想、学习和生活，了解其性格特点、兴趣爱好。要做到对优秀生立足于促，对中等生立足于导，对后进生立足于帮，注重发掘每个学生身上的亮点，并善于扩大、创造机会让学生展示个性特长以帮助其树立成功的信心。同时，高校思想政治教师在实际工作中应增强自身的使命感、责任感和荣誉感，把培养社会主义接班人的任务奉为天职。

3. 完美的人格形象

高校思想政治教师要以完美的人格力量影响大学生。教师的人格形象对学生是一种"不求而至，不为而成"的潜移默化的教育，"其身正，不令而行；其身不正，虽令不从"，即高校思想政治教师为人师的威望和人格的力量所具有的教育作用。我国历来把教师视为完美人格和优良道德的化身。"学高为师，身正为范"一向是我国传统文化对教师完美人格的要求。

因此，高校思想政治教师必须努力打造完美的人格，以自身最佳的师德境界、师德规范和师德行为成长为遵纪守法、践行师德的模范，为青年大学生作出表率。

（三）能力素质

高校思想政治教师应具有吸取新知识、新思想、新观念的学习能力，以及创新和驾驭现代科学技术的能力。具体包括如下几点。

1. 理论与实践相结合的能力

高校思想政治教师必须具有理论联系实际的能力。只有把马克思主义理论与现实生活中出现的新情况、新问题紧密结合起来，与国内外政治经济形势、改革开放和建立社会主义市场经济的实际情况及学生的思想实际紧密结合起来，才能使高校思想政治教师的思想政治教育工作具有更强的针对性和吸引力。新时期大学生的思想具有复杂性、多变性的特点，要有的放矢地开展思想政治教育就必须善于运用马克思主义的观点和方法，深入实际，深入大学生之中，善于接触、观察、分析大学生和社会环境，及时归纳总结经验，得出正确结论，并使之上升为理论，用以指导新的思想政治教育工作。

2. 创新能力

近年来，不论是发达国家还是发展中国家，都非常强调人的创新意识和实践能力，这是时代发展的要求，也是国际竞争的要求。创新是一个民族进步的灵魂，是国家兴旺发达的不竭动力。同时，创造性人才的培养、创新能力的开发主要依赖于教育，更依赖于教师。教育的最终目的不是传授已有的东西，而是发展、创造新的事物。这就需要高校思想政治教师具有创新意识、创新精神和实践能力。为此，新时期高校思想政治教师的思维方式需要进一步从封闭走向开放，从静态走向动态，从经验走向创新，从形而上学走向辩证思维，注重思维方式的广阔性和前瞻性。只有这样，才能做好高校思想政治教育工作，开创高校思想政治教育工作的新局面。

3. 运用网络技术的能力

网络技术的飞速发展，形成了独特的、以信息网络技术为基础的网络传媒。网络传媒所传递的信息好坏并存，这既给大学生的思想政治教育工作带来了众多机遇，也带来了巨大的挑战，增加了新时期高校思想政治教育的难度。全媒体时代要求高校思想政治教师具有较强的驾驭网络技术的能力，因为只有掌握了网络技术的主动权，才能牢牢地占领网络思想政治教育的阵地。

4. 运用英语交流的能力

作为新时期高校思想政治教师，要想从网络上获得有价值的信息或者利用网络宣传马克思主义理论和党的基本路线、方针、政策，扩大对大学生进行思想政治教育的影响力，在网络中占领思想政治教育的制高点，就必须懂得英语。同时，大学生的思想政治教育是在开放的国际国内环境中进行的，需要与世界各国进行交流与合作，以借鉴和吸收其他国家高等教育以及一切人类文明的优秀成果。因此，高校思想政治教师必须具有较高的英语运用能力。

三、加强高校思想政治教师队伍建设的对策

（一）领导重视，政策到位，确保队伍健康稳定发展

高校领导要从政治高度认识高校思想政治教师队伍建设的重要性，要从实施人才强国战略的高度重视高校思想政治教师队伍的建设工作；要把高校思想政治教师队伍建设提高到关系社会稳定和学校发展，关系到学校培养后备干部、未来学科带头人的高度来认识，彻底改变以往对高校思想政治教师形成的偏见；要创新工作机制，加大培养和激励工作力度，落实各项政策保障，提高思想政治教师岗位对优秀人才的吸引力，让思想政治课教师特别是青年教师的创造活力竞相迸发、聪明才智充分涌流。

高校党委书记和校长要切实承担起加强高校思想政治教师队伍建设的责任，既要把这支队伍作为当前思想政治教育工作的一支重要力量使用，又要将其作为未来党政领导干部和教学、科研、管理干部队伍的后备力量精心培养。为此，各级学生工作领导要经常深入到思想政治教师的工作和生活中去，了解他们的实际情况，听取他们的意见，了解他们的心声，帮助他们解决实际困难，使他们能以旺盛的精力投入思想政治教育工作中去。学校应制定合理的分配制度，根据思想政治教师的劳动特点量化工作，实事求是地承认其应得的利益，提高他们的工资水平，设立思想政治教师岗位津贴；制定相关政策改善思想政治教师的住房条件，为其解决后顾之忧，使之能够全身心地投入思想政治教育事业中去；要创造良好的工作环境，设立思想政治教师专门办公室，配备必要的工作设施，提供便利的工作条件，以确保思想政治教师工作的良好开展。同时，各学校要统筹规划高校思想政治教师队伍建设工作，研究队

伍建设方面的具体政策与措施，制定高校思想政治教师队伍建设的中长期规划，以确保队伍健康稳定发展。

（二）完善机制，明确目标，以事业凝聚人心

加强思想政治教师队伍建设的主要目标，就是要努力建设一支政治强、业务精、纪律严、作风正的且高水平的思想政治教师队伍。要根据思想政治教师的工作职责和任务，在选聘、管理、培养和发展等方面，采取有力措施，明确相关政策，逐步完善机制。使他们工作有条件，干事有平台，发展有空间，以最大限度地调动思想政治教师的积极性和创造性，形成以事业凝聚人，以制度促进建设的局面，吸引更多的优秀人才加入思想政治教师队伍中来。同时，要在明确目标和政策要求的前提下，坚持实事求是、分类指导。研究型大学、教学型大学和高职高专院校情况有所差异，同一类学校情况也有所不同，要因校制宜；要坚持专职与兼职相结合，形成"专职为主、专兼结合"的格局；坚持相对稳定与合理流动相结合，既完善政策以事业留人，又畅通出口鼓励合理流动，使队伍建设在动态中保持相对稳定，逐步构建一支长期从事思想政治教育工作的专业化、职业化队伍。

（三）严格选拔，合理配备，确保队伍结构合理化

思想政治教师的选聘必须坚持"高进"原则，这是思想政治教育工作的现实要求，也是提高高校思想政治教师工作适应性的基本要求。各级领导要从源头抓起，按照德才兼备、专兼职相结合、年轻精干的原则，从优配备思想政治教师。要按照教育部的相关要求，确保大学生和思想政治教师人数达到350：1的最低配比（即每350名大学生至少配备1名思想政治教师）。可以采取从本校各专业品学兼优的本科以上毕业生中选用一批学生，适当从外校思想政治专业毕业生中引进一批学生，两者相结合的办法，这样对开展思想政治教育工作大有裨益：一是本校毕业生既熟悉本专业特点，又了解校情和系情，进入角色快，有利于结合专业学习开展思想政治教育工作；二是外校思想政治专业毕业生具有一套系统、现成的思想政治教育理论，工作起来得心应手，并能与本校留校懂专业的思想政治教师形成互补结构，更有利于培养高素质的

大学生。选聘时应在党委统一领导下，采取公开招聘的方式，组织、人事、学工及院系领导要积极参与、严格把关，注重知识结构、学历结构，坚持多渠道重点考察其科学判断形势，把握育人方向，组织管理，预防应对和处理突发事件及语言文字表达等方面的能力，同时选聘时还要考虑有利于思想政治教师队伍的专业化、职业化建设，有利于队伍后备干部的培养和选拔以及将来向教学、科研岗位的合理分流等，确保队伍结构的合理化。

（四）明确职责，准确定位，确保合力育人

高校思想政治教师职责泛化已经成为制约队伍建设和发展的重要因素。随着高等教育的快速发展，学生对教育、管理和服务工作有了更高、更广的诉求。高校在学生教育、管理和服务等方面，应该构建一种适应时代要求、符合发展趋势的体制和机制，以进行相关职能的合理分化，制定出内容清晰、范围恰当、目标较为明确的高校思想政治教师岗位职责，对高校思想政治教师进行科学定位。就发展趋势而言，建立专业机构，强化服务职能是方向。同时，高校思想政治教师工作职能从"消极防御、管理至上"向"主动引导、服务至上"的转变也是一种必然趋势，这是高校思想政治教师职责确立和定位角色的基本依据。各高校应结合自身的实际，在思想政治教师队伍建设中，确保思想政治教师职责明确、定位准确，充分体现"术业有专攻"，切实保证合力育人。

（五）加强自身修养，注重学习，增强竞争意识和创新意识

时代的发展与进步对高校思想政治教师的业务水平和综合素质的要求越来越高。高校思想政治教师作为高校思想政治教育的骨干，不仅要有渊博的学识，更要有高尚的人格、强烈的竞争意识和开拓创新意识。

作为高校思想政治教师，首先，提高自身的政治素质和理论水平，自觉运用马克思主义的立场、观点和方法解决学生中存在的问题，真正成为学生政治上的领路人；其次，要注重对学生心理健康的研究，应养成读书习惯，多听有关专题报告，多接触社会，通过理论和实践的结合，提高专业化水平；再次，要加强对新知识、新技能的学习，扩大知识面，增强工作的影响力、说服力和凝聚力；最后，工作中应树立较强

的竞争意识，敢于同他人竞争，在竞争中求生存，在竞争中求发展，在竞争中展示才华，做到努力把握时代脉搏，开拓创新，敢闯敢冒险敢尝试，善于发现新规律，创造新成果，在开拓进取中谋求发展。在当前竞争激烈的年代，高校间存在着生源竞争、师资竞争、人才竞争等多种竞争，高校思想政治教师作为人才队伍的重要组成部分，同样存在着竞争，因此高校思想政治教师必须努力学习，让学习成为习惯，把学习当成一种生活方式，加强自身修养，增强竞争意识，开拓创新。只有这样，工作起来才能得心应手，才能适应时代的要求。

（六）加强培训，突出重点，提高整体素质

加强培训是提高高校思想政治教师队伍整体素质的必要保证。因此，各级领导应加以重视并给予相应政策，按照超前式、开放式、动态式的培养模式，建立和完善思想政治教师培养制度，设立专项培养经费，制定倾斜政策，采取有效措施做好高校思想政治教师的各类培训。

首先，确定培训的重点。培训以中青年高校思想政治教师为主，旨在培养出一批具有影响力的中青年骨干高校思想政治教师，并通过滚动式培养，使他们成为新世纪活跃在思想政治教育工作中的带头人。为此，要制定切实可行的培养计划。培养规划要考虑现阶段和未来一段时间内，国际国内形势变化的趋势、大学生的思想动态、高校思想政治教师队伍的现有素质等综合因素，有针对性地加以制定并实施。要注意思考培训的内容，要以丰富高校思想政治教师工作中所涉及的现代科学文化知识、管理知识、计算机网络知识为主，按照"需要什么学什么、缺什么补什么"的原则，从实际出发，有计划地安排培训。同时，培训要注意解决广大师生关注的热点、难点及焦点问题。

其次，要建立和完善高校思想政治教师队伍的培训保障体系。统筹考虑教师资格认定、职务晋升与聘任应，凡未参加培训或培训考核不合格的新教师，不得认定教师资格，不得聘任专业技术职务。要设立或增加高校思想政治教师培训专项经费，专门用于高校思想政治教师的培训进修，有条件的高校还可以成立高校思想政治教师培训进修基金，加大高校思想政治教师思想政治教育工作经验交流的经费投入，保证高校思想政治教师骨干每年都能外出参加有关学术会议，开阔视野，进而为高校思想政治教师开展思想政治教育工作铺设道路。

再次，对高校思想政治教师的培训要突显专业意识。重点加强对思想政治教育专业发展前沿信息的介绍，使高校思想政治教师关注与自身工作有关的学科发展动态，以便提高他们相关的理论水平和开展调查研究的能力，鼓励他们在教育、培训和总结经验的基础上，申报、参与课题研究；使他们能更好地从理论上把握青年大学生的思想特点和成长规律，更有效地加强和改进高校思想政治教育工作，从而切实建立起教育和业务知识培训的质量保障机制。

最后，要坚持业务口径与综合培训、在职培训与脱产学习、普遍提高与重点培养相结合的原则。可以根据思想政治教师素质结构特点，采用多种培训方式，如开展经验交流和学习活动，聘请专家学者举办专题讲座等。可以在普遍提高的基础上，把有培养前途的思想政治教师输送出去攻读思想政治专业研究生，以此提高思想政治教师的学历层次和知识水平。

（七）规范管理，科学考核，完善激励机制

高校思想政治教师作为高校教职工中的"特殊群体"，他们的工作介于党政之间，同时又属于教师队伍的一员，一直处于多头管理状态，属于"谁都管得着的一群"，这在一定程度上加深了该队伍"地位低下"的感觉。要改变这种状况，规范管理应是一个努力方向。高校需建立一个直接由党委副书记领导的组织机构，全面负责思想政治教师的队伍建设、管理与考核、业务培训、学生日常事务管理和理论研究等，可以大幅促进思想政治教师管理工作的规范化、明确化、专职化。

为调动高校思想政治教师工作的积极性，应进一步探索并建立一整套行之有效的高校思想政治教师考核办法和指标体系，使考核工作制度化、规范化、科学化。在对高校思想政治教师考核时，要充分认识到高校思想政治教师既是教师又是干部的特点，以是否有利于学生的全面发展，是否有利于发挥学生教育的"整体效能"为标准，要坚持平时考核与年终考核相结合、坚持领导考核与学生评议相结合、坚持定性考核与

定量考核相结合的原则，具体可以从学生的思想状态、日常管理、组织建设、中心工作、工作创新、竞赛奖励和学生评价等几方面进行考核，并将考核结果作为聘任、评优、奖惩和晋升的重要依据。

在规范管理、科学考核的基础上，进一步解决好高校思想政治教师在工作中责、权、利的统一问题，建立科学规范的激励机制，从而从根本上提高思想政治教师工作的积极性，并把高校思想政治教师队伍建设纳入科学的轨道。具体措施为以下几点。

一是进一步完善高校思想政治教师专业技术职务评聘办法，建立符合高校思想政治教师工作特点的评审体系。在评审过程中，要充分考虑思想政治教育工作实践性强的特点，不能只看科研论文，应注重工作实绩，要注意考核思想政治素质、政策理论水平，要注意淡化"身份"评审，强化岗位评审、择优评审，注意聘后管理和考核。

二是加大校内分配制度改革。要建立以岗位业绩工资（津贴）为主的分配激励机制，强化分配的激励功能，使高校思想政治教师的实际收入高于本校相应职级教师的平均收入水平，从而激发高校思想政治教师立足本职工作、建功立业的热情和信心，使热爱思想政治教育工作的高校思想政治教师的工作积极性更好地发挥出来，使高校思想政治教师职业能够吸引和留住优秀人才。

（八）拓宽发展空间，稳定队伍，确保合理分流

拓宽高校思想政治教师发展空间是一个现实问题，也是能否吸引优秀人才加入并保持思想政治教师队伍稳定的根本所在。因此，应在保持学校总体规划和高校思想政治教师队伍发展方向相统一，学校利益、部门利益和高校思想政治教师个人利益相统一的基础上，积极为高校思想政治教师拓宽发展空间，谋求较好的出路，确保其合理分流。为此，应根据工作需要、本人条件和志愿，制订并实施高校思想政治教师培养计划，或作为骨干进一步加以培养，继续留在思想政治教育工作岗位或输送到教学、科研或管理岗位。对那些政治素质好、业务能力强、有发展潜力的中青年高校思想政治教师骨干，应重点培养，具备条件的，积极向上级组织部门推荐、输送，使之得以根据工作需要逐步提拔到领导岗

位。同时，鼓励高校思想政治教师申报相应的专业技术职务，竞争行政领导职务或在职攻读硕士、博士学位，申报教研、科研项目等，这样既可以使思想政治教育工作渗透到教学中，更好地为教学、科研服务，又可以培养多才多能的高校思想政治教师，拓宽其发展空间，确保其合理分流。

另外，要尽快建立思想政治教师从业资格考核制度，建立完整的职业升迁体系和与职业升迁体系配套的工资报酬体系以及与职业升迁体系相适应的培训体系。

在全媒体环境下，大学生接受知识和获取信息的渠道增多，而当今高校思想政治教师队伍在应对这种变化时略显局促。因此，需要创新思想政治教师队伍建设，以积极回应全媒体环境给高校思想政治教育带来的影响与挑战。"开放式"教学的教师队伍不仅仅是指教师本人的思想观念和思维方式的多元化与开放性，还指教师队伍结构的开放性，是不拘泥于现今教师队伍结构的教育资源的重组与优化。这就要求高校不断创新人才引进机制，积极吸收校内外优秀的教育人才资源，扩大思想政治教师队伍，形成一支年龄结构合理、知识覆盖面广、教育资源丰富、教育方式灵活与多元的思想政治教师队伍，以更好地完成全媒体环境下对大学生的思想政治教育工作。

参考文献

[1]寇进.全媒体环境下高校思政教育创新研究[M].延吉:延边大学出版社,2022.

[2]刘珺,彭艳娟,张立军.社会主义核心价值观与高校思政教育工作理论创新研究[M].北京:新华出版社,2022.

[3]田俊杰,刘涛.高校网络舆情管理与思政教育创新——基于网络身份隐匿视角的研究[M].杭州:浙江大学出版社,2020.

[4]黄丽娟.新时代高校思政教育理论与实践创新发展研究[M].长春:吉林大学出版社,2023.

[5]潘子松.创新创业教育与高校思政教育的融合研究[M].北京:北京工业大学出版社,2020.

[6]李娟.全媒体环境下高校思政教育改革创新研究[M].北京:北京工业大学出版社,2020.

[7]陈安琪.寓生态文明于高校思政教育的创新研究[M].北京:北京工业大学出版社,2020.

[8]陈旭,刘宁宁,杨若琳.高校思政教育工作理论创新研究[M].北京:线装书局,2023.

[9]李闯.高校思政教育教学创新研究[M].北京:线装书局,2023.

[10]王邵军,王莉莉.新时代高校实践思政教育创新研究[M].北京:经济科学出版社,2021.

[11]罗兰.互联网+时代高校学生思政教育三维路径创新研究[M].长沙:中南大学出版社,2021.

[12]奚英伦,张伦阳,陈相,等.高校学生党员教育研究以北京理工大学计算机学院党课教学创新活动为例[M].北京:北京理工大学出版社,2021.

[13]杨懿.最美思政课[M].北京:人民日报出版社,2022.

[14]侯丹娟.中国新时代教育文库高校课程思政建设研究[M].北京:中国经济出版社,2023.

[15]张雪霞,李娟,崔冬雪.网络时代高校思政教育教学创新实践探索[M].北京:中国纺织出版社,2023.

[16]甘玲.践行渐悟高校思政课实践教学的探索与实践[M].秦皇岛:燕山大学出版社,2022.

[17]黄钧辉.新时代高校智慧思政理论与实践[M].杭州:浙江大学出版社,2023.

[18]刘莉莉.课程思政研究与改革实践[M].北京:北京航空航天大学出版社,2022.

[19]梁学平,姜达洋.新文科背景下财经类高校课程思政改革与一流专业建设路径的探索研究[M].天津:天津人民出版社;天津出版传媒集团,2023.

[20]王静.全球治理人才培养背景下的思政教育体系建设[M].北京:中国商务出版社,2021.

[21]张坤.高校红色基因传承与思想政治教育[M].秦皇岛:燕山大学出版社,2022.

[22]李维昌,盛美真.春华秋实大学生谈思政课获得感[M].昆明:云南大学出版社,2023.

[23]贾爱武.新时代高校外语专业建设与课程思政理论与实践[M].杭州:浙江工商大学出版社,2021.

[24]李秀云.Rong聚法大新闻宣传中的思政实践创新[M].北京:中国政法大学出版社,2021.

[25]杜潇.新媒体视域下成人高校思政教育创新研究[J].河北广播电视大学学报,2021(1):57-61.

[26]赵莎莉,陈晶.新时代民办高校思政教育创新研究[J].山西青年,2020(3):55.

[27]郝伟锋,思勤途.新形势下高校思政教育的创新研究[J].品位·经典,2023(24):98-100.

[28]王晓娟.中华茶文化对高校思政教育的创新研究[J].福建茶叶,2023(9):165—167.

[29]李娜,刘晶晶.新媒体助力高校思政教育创新研究[J].淮南职业技术学院学报,2023(5):4—6.

[30]黄国威."互联网+"背景下针对校园网贷的高校思政教育创新研究[J].佳木斯职业学院学报,2022(12):116—118.

[31]刘鲁歌."互联网+"时代高校思政教育的创新研究[J].品位·经典,2020(7):58—59.

[32]李彧宏."互联网+"时代高校思政教育的创新研究[J].时代人物,2020(6):118.

[33]李晓有.新媒体背景下高校思政教育创新研究[J].淮南职业技术学院学报,2022(5):25—27.